Hans Joachim Schliep

»Der Werdendste, der wird«

Hans Joachim Schliep

»Der Werdendste, der wird«

Rilkes religiöse Poesie am Rande des Christentums

Fromm Verlag

Imprint

Cover image: www.ingimage.com

Publisher:
Fromm Verlag
is a trademark of
Dodo Books Indian Ocean Ltd. and OmniScriptum S.R.L publishing group

120 High Road, East Finchley, London, N2 9ED, United Kingdom
Str. Armeneasca 28/1, office 1, Chisinau MD-2012, Republic of Moldova, Europe
Managing Directors: Ieva Konstantinova, Victoria Ursu
info@omniscriptum.com

Printed at: see last page
ISBN: 978-3-8416-0585-6

INHALTSVERZEICHNIS Seite

WIDMUNG UND LESEHINWEISE

»DER WERDENDSTE, DER WIRD« - Rilkes religiöse Poesie am Rande des Christentums: Diese Betrachtung widme ich meiner Deutsch-, Geschichts- und Geographielehrerin Hildegard Röhr (Bremerhaven) zu ihrem 90. Geburtstag in Verehrung und Dankbarkeit. Sie hat mich auf allen Wegen meines Lebens selbstlos gefördert. Ihr verdanke ich auch die Begegnung mit der Lyrik Rainer Maria Rilkes, zu dem sie selbst ein durchaus kritisch reflektiertes Verhältnis hat. Unvergessen bleiben mir die Deutschstunden, in denen sie uns mit den Gedichten DER PANTHER und DAS KARUSSELL - JARDIN DU LUXEMBOURG bekannt gemacht hat. Zu meinem Wechsel auf das Jung-Stilling-Kolleg in Espelkamp im April 1965 schenkte Hildegard Röhr mir das Buch von Heinrich Wigand Petzet: Das Bildnis des Dichters.[1]

Für eine Schule in Bremerhaven naheliegend, hat meine Lehrerin auch von Rilkes Jahren in Worpswede erzählt. Aus diesem Ort im ›Teufelsmoor‹ stammt meine Mutter Sophie Schliep geb. Tietjen. Meine Großmutter Adeline Tietjen war viele Jahre Haushaltshilfe bei Fritz Mackensen, dem Gründer der ›Worpsweder Künstlerkolonie‹. So ist mir die Gegend um den Weyerberg herum und zur Hamme hin seit meiner Kindheit vertraut. Dazu gehört die Torfschifferei, die in meiner Herkunftsfamilie als mühsame Arbeit mit magerem Ertrag betrieben wurde. Auch ihrer sei hiermit in unabgeltbarer Dankbarkeit gedacht, namentlich meiner Großmutter und Mutter.

Diese kleine Ausarbeitung habe ich zunächst ohne Gedanken an eine Veröffentlichung verfasst. Darum konnte ich möglicherweise nicht mehr alle Zitate oder Paraphrasen aus anderen Werken nachträglich genau belegen. Ohnehin handelt es sich um einen sehr persönlichen Zugang zu einem Teil des Rilkeschen Werks, für den ich allerdings insbesondere das literaturwissenschaftliche Rilke-Handbuch sowie die Beiträge von Johannes Schwanke und Karl-Josef Kuschel dankbar verwendet habe (siehe Literaturverzeichnis). Rilke-Titel werden in Kapitälchen, Gedicht- und Briefzitate in einer anderen Schrifttype in Fettdruck ohne Anführungszeichen wiedergegeben; ein Schrägstrich markiert jeweils ein Zeilenende.

---

[1] Heinrich Wigand Petzet: Das Bildnis des Dichters: Rainer Maria Rilke - Paula Becker-Modersohn. Eine Begegnung, Frankfurt/M. 1957 (als Insel-TB zuerst 1976 erschienen). Siehe dazu jetzt den von Rilkes Fehlen auf Heinrich Vogelers Gemälde »Das Konzert oder Sommerabend auf dem Barkenhoff (1905)« ausgehenden Roman von Klaus Modick: Konzert ohne Dichter, Köln 2015.

Da ich mich ganz auf Rilkes Gedichte konzentriere, verwende ich meistens RAINER MARIA RILKE: DIE GEDICHTE, Frankfurt/M. 1997[9]. Aus dieser Ausgabe zitiere ich unter bloßer Angabe der Seitenzahl. Gelegentlich verwende ich die von Ruth Sieber-Rilke, seine Tochter aus der Ehe mit Clara Westhoff, und seinem Schwiegersohn Carl Sieber im Jahr 1942 herausgegebenen TAGEBÜCHER AUS DER FRÜHZEIT (Florenzer Tagebuch, Schmargendorfer Tagebuch, Worpsweder Tagebuch), Frankfurt/M. 1942/1973 (zitiert als TF mit Seitenangabe).

Für mich kommt niemals eine Rilke-Verehrung, ja Rilke-Gläubigkeit, wie sie manche Menschen an den Tag legen, in Frage. Beim Verfassen dieser Betrachtung habe ich immer wieder neue Anläufe unternehmen müssen, Rilkes Gedichte zu verstehen. Infolgedessen bitte ich die geneigte Leserin, den geneigten Leser um Verständnis dafür, dass der Text einige Schleifen aufweist. Weil ich mich immer wieder neu an Rilke annähern, gleichsam in ihn hineinschreiben musste, hat diese Darstellung keinen strikten und stringenten Aufbau, sondern bietet mehrfach Wiederholungen. Systematische Geschlossenheit dürfte Rilkes Werk wie dem Thema überhaupt unangebracht sein.
Aber was heißt „Wiederholung"? Sören Kierkegaard betrachtet den Glauben als „Wiederholung", nämlich als „wieder holen" eines einmal geschenkten Vertrauens und begonnenen Einverständnisses.

Die folgende Darstellung in diesem Sinn zu lesen, darum bitte ich.

Hans Joachim Schliep

Hannover, Sonntag Exaudi 2015

...und dann und wann ein weißer Elefant...

[1] Was ist »religiöse Poesie«?

Rainer Maria Rilke wurde als René Karl Wilhelm Johann Josef Maria Rilke am 4.12.1875 in Prag geboren. Sein Elternhaus war röm.-kath. geprägt, in besonderer Weise seine Mutter Sophia geb. Entz, gen. „Phia“ (1851 bis 1931), deren Ehe mit Josef Rilke (1839 bis 1906) im Jahr 1884 geschieden wurde. Bereits mit 51 Jahren verstarb Rainer Maria Rilke an einer seltenen Art von Leukämie am 29.12.1926 in einem Sanatorium in Val-Mont bei Montreux/Schweiz.[2]

Keineswegs gehört Rilke zu meinen ›Dichterfavoriten‹, an deren Spitze Rose Ausländer, Heinrich Heine, Bertolt Brecht und Peter Huchel stehen. Gleichwohl greife ich immer einmal wieder zu dem Band der Rilke-Gedichte.[3] Denn eine Reihe von ihnen sind von einer solchen sprachlichen Schönheit und einem gültigen Ausdruck, dass sie mich stets aufs Neue zum Betrachten und Befragen, zu Zustimmung und Widerspruch reizen. Allerdings gilt dieses nur für sein unmittelbar lyrisches Werk, nicht von seinen frühen Erzählungen, Dramen und Dramoletten oder anderen Prosawerken wie dem CORNET und dem MALTE LAURIDS BRIGGE, obschon ihr lyrischer Anteil unverkennbar ist. Diese Werke Rilkes blieben mir bisher verschlossen.

Wie dem auch sei, was immer Rilke schrieb, es ist auf einen hohen, wahrhaft lyrischen Ton in überaus anspruchsvoller Sprache gestimmt. Deshalb gehört, unabhängig von meinem Eindruck und Urteil im einzelnen, Rilke für mich zu den Poeten deutscher Sprache schlechthin.[4] Darum beschränke ich mich in der

---

[2] Von wenigen Ausnahmen abgesehen belasse ich es bei diesen spärlichen biographischen Angaben, da eine Bezugnahme auf Rilkes gut bekannte und erforschte Lebensgeschichte - siehe besonders: Rilke-Handbuch (RHB), S. 1-25 (siehe Anm. 4) - ein anderes Buch zu schreiben bedeutet hätte. Zudem sind seine Lebensdaten zugänglich unter ‹http://de.wikipedia.org/wiki/Rainer_Maria_Rilke›.

[3] Zur Textgrundlage siehe den letzten Absatz in WIDMUNG UND LESEHINWEISE.

[4] Wie bereits in WIDMUNG UND LESEHINWEISE angedeutet, habe ich viele Anregungen erhalten und aufgenommen von Johannes Schwanke: »Wir steigen in die wiegenden Gerüste« Rilkes Theologie am Rande des Christentums, Neue Zeitschrift für Systematische Theologie (NZSystTh), 55. Jg., Heft 4 / 2013, S. 511-525; Norbert Fischer (Hg.): »Gott« in der Dichtung Rilkes, Hamburg 2014; Manfred Engel/Dorothea Lauterbach (Hg.): Rilke-Handbuch, Darmstadt 2004 (Abk.: RHB); Andrea Pagni: Rilke um 1900, Nürnberg 1984; Karl-Josef Kuschel: »Vielleicht hält Gott sich einige Dichter« - Literarische Skizzen I, Kevelaer 2005; Otto Betz: Weiter als die letzte Ferne. Mit Rainer Maria Rilke die Welt meditieren, Kevelaer 2015.

folgenden Darstellung von Aspekten der religiösen Poesie Rilkes auf eine (kleine) Auswahl aus seinen Gedichten, wobei ich auch seine das Verständnis seines Gesamtwerks erhellenden überaus zahlreichen Briefe an Menschen in ganz Europa im Hintergrund lassen muss.

An dieser Stelle erlaube ich mir den Hinweis: Kein Versuch, Rilkes Gesamtwerk in einzelne Phasen (siehe an verschiedenen Stellen im RHB, wo diese Einteilungen einerseits verwendet, andererseits in Frage gestellt werden) hat mich restlos überzeugt. Schon stichprobenartige Einblicke in das lyrische Werk lassen erkennen, wie Grundmotive in immer neuen Wendungen und Annäherungen viele Jahre später wiederkehren, einmal abgesehen von dem hier nur beispielhaft erwähnten Sachverhalt, dass die DUINESER ELEGIEN im Jahr 1912 auf Schloss Duino bei Triest (Adria) begonnen und im Jahr 1922 im schweizerischen Muzot vollendet wurden. Auch das STUNDEN-BUCH, veröffentlicht 1905, enthält Gedichtsammlungen aus den Jahren 1899 (DAS BUCH VOM MÖNCHISCHEN LEBEN), 1901 (DAS BUCH VON DER PILGERSCHAFT) und 1903 (DAS BUCH VON DER ARMUT UND VOM TODE). Mein Eindruck ist: Rilkes Werk stellt eine Art Spiralbewegung dar, es bietet unzählige Variationen einer Grundmelodie und fordert einen ständigen Perspektivenwechsel.

Doch was meine ich mit dem Wortgebilde „religiöse Poesie“? Da jedes Gedicht in seiner Bildersprache wie in seiner gesamten Stimmung eine Metapher ist und ihm insofern ein Moment des Transzendierens innewohnt, ist Lyrik in einem sehr weiten Sinn des Wortes auch „religiös“. Eben das geben namentlich Rilkes Werke zu erkennen.[5] Um jedoch die Darstellung mit ihren sich überschneidenden Gedankenkreisen einigermaßen in Grenzen zu halten, richte ich meinen Blick auf diejenigen Gedichte, die ausdrücklich Bezüge zur Bibel und zum ›Glaubensbekenntnis‹ aufweisen, mit, auch wenn dieses nachträglich geschah, ›Gebet‹ überschrieben sind oder unmittelbar das Wort ›Gott‹ aufnehmen. Selbst bei dieser am Formalen ausgerichteten Herangehensweise, die auf eine eindeutige Begriffsbestimmung verzichtet, bleibt ein erhebliches Maß an Unschärfe; diese gehört aber zu Rilkes religiöser Einstellung und Dichtung selbst. Denn

[5] Obwohl ich die Gefahr einer Vereinnahmung der Kunst durch die Religion sehe und die Notwendigkeit einer Neubestimmung des Verhältnisses von Kunst und Religion angesichts beider Pluralisierung und Autonomisierung empfinde, hege ich nach wie vor starke Sympathien für Paul Tillichs Verhältnisbestimmung: »Religion ist die Substanz der Kultur, Kultur die Form der Religion«. Damit dürfte mein Blick auch auf das Rilkesche Werk, mein „erkenntnisleitendes Interesse“ (Jürgen Habermas) benannt sein.

stets geht es dem Prager Poeten darum, dem Nichtsagbaren Ausdruck zu verleihen. Wird gerade in seiner religiösen Poesie „das Nichterreichbare...berührt auf die Weise des Nichtberührens“ (Cusanus)?[6]

In einem frühen, freilich erst 1909 in MIR ZUR FEIER veröffentlichten Gedicht (S. 188) drückt Rilke selbst aus, wie sehr er sich fürchtet vor Begriffskorsetten, die Welt und Leben kenntlich machen bis zur Unkenntlichkeit, weil sie sie ihres Geheimnisses berauben:

Ich fürchte mich so vor der Menschen Wort.
Sie sprechen alles so deutlich aus:
Und dieses heißt Hund und jenes heißt Haus,
und hier ist Beginn, und das Ende ist dort.

Mich bangt auch ihr Sinn, ihr Spiel mit dem Spott,
sie wissen alles, was wird und war;
kein Berg ist ihnen mehr wunderbar;
ihr Garten und Gut grenzt grade an Gott.

Ich will immer warnen und wehren: Bleibt fern.
Die Dinge singen hör ich so gern.
Ihr rührt sie an: sie sind starr und stumm.
Ihr bringt mir alle die Dinge um.

...und dann und wann ein weißer Elefant...

[2] Rilke im Für und Wider

Der vielschichtigen, rätselhaften, ja widerspruchsvollen, sensiblen und exzentrischen Persönlichkeit Rilkes entsprechen die unterschiedlichen Deutungen und strittigen Beurteilungen, die sein Werk erfahren hat. Wie kein anderer - mit Ausnahme von Franz Kafka - erscheint er mir als der gleichsam Fernnahe unter den deutschsprachigen Dichtern des späten 19. und frühen 20. Jahrhunderts. Vor allem, aber keineswegs nur von Frauen wird Rilke bis heute eine Verehrung mit annähernd religiösen Zügen zuteil. Seine Wortmusik wird in den Himmel gelobt. Seine Metaphern werden wie Sphärenklänge wahrgenommen. Seine Sprache weckt Erinnerungen an uralte Psalmgebete. Selbst Theologen ha-

[6] „Inattingibile attingitur inattingibiliter.“ Zit. n. Ludwig Wenzler in dem Anm. 4 gen. Sammelband von Norbert Fischer, S. 447.

ben von ihm geschwärmt und ihn an die Seite von Friedrich Hölderlin gestellt. Schon kurz nach Erscheinen galt das STUNDEN-BUCH, das von 1906 bis 1926, also noch zu Rilkes Lebzeiten eine Auflage von 60.000 Exemplaren erreichte, als Erbauungsbuch, zumindest für die vom »Jugendstil« Begeisterten.

Allein schon sein klangvoller Name, RAINER MARIA RILKE,[7] erscheint als Inbegriff des Poetischen - einer Poesie, die Religion intoniert als Gläubigkeit in gehörigem Abstand zum christlichen Glauben oder gerade als gültiger Ausdruck des eigenen Christseins oder genau dazwischen. Mit diesen und sicher noch anderen unterschiedlichen Intentionen stehen zumal heute über Traueranzeigen entweder Hesses „Stufengedicht" oder die Rilke-Verse (S. 199):

> **Ich lebe mein Leben in wachsenden Ringen,**
> **die sich über die Dinge ziehn.**
> **Ich werde den letzten vielleicht nicht vollbringen,**
> **aber versuchen will ich ihn.**
>
> **Ich kreise um Gott, um den uralten Turm,**
> **und ich kreise jahrtausendelang;**
> **und ich weiß noch nicht: bin ich ein Falke, ein Sturm**
> **oder ein großer Gesang.**

Anderen blieb und bleibt der Zugang zu Rilke verschlossen. Im kühleren Wind des Protestantismus[8] geht es schon in eine zweifelhafte Richtung, wenn ein Mann, wofür er freilich selbst nichts kann, „Maria" heißt, römisch-katholisch getauft ist, von einer religiös übererregten Mutter als Mädchen erzogen wurde: als Platzhalter für eine ältere, als Säugling gestorbene Schwester, weshalb er auch „René", der „Wiedergeborene" genannt wurde. Da seine Mutter sich bald nach Renés Geburt von ihren Mann trennt (endgültig 1884), wächst ihr Sohn

---

[7] „Rainer" statt des ursprünglichen „René" nennt er sich, seit Lou Andreas-Salomé (geb. 1861 in St. Petersburg, gest. 1937 in Göttingen) ihn so nennt (vermutlich schon bei ihrem ersten Treffen in München am 12. Mai 1897).

[8] Das Urteil, der Protestantismus sei verkopft und damit entleiblicht bzw. erfahrungslos, halte ich für unzutreffend. Diesen Vorwurf habe ich nie verstanden. Denn das Hirn ist ein Organ des Leibes, Intellektualität und Rationalität haben für mich Erfahrungsqualität (es gibt das Glück des Denkens), das Sprechen, das Hören, das Singen und die Musik sind hinsichtlich ihres Hervorbringens und ihres Wahrgenommenwerdens leibliche Vollzüge. Und wenn Schleiermacher schreibt, es gebe »keine Form des Bewusstseins, die nicht zugleich mit ihrer Leiblichkeit auftreten könne«, gilt im Blick auf den Menschen umgekehrt, dass sein Organisch-Leibliches ins Verstehen bzw. Verstandenwerdenwollen drängt, z. B. hinsichtlich erfahrenen Schmerzes, und zwar gerade dann, wenn Schmerz auf der Ebene seiner Empfindung und seines Ausdrucks inkommensurabel und alle stimmige, deutbare Erfahrung destruierend ist.

praktisch ohne Vater auf: als „Niemandes Sohn“ (Gertrud Höhler). Manche empfinden Rilkes Sprache als feminisierend, angefüllt mit überzogenen Gefühlen und Sprachgirlanden voller Lautmalereien, Stab- und Endreimen, die schwindelig werden lassen. So hat kein geringerer als der norddeutsche Protestanten- und Kaufmannssohn, der Lübecker Literatur-Nobelpreisträger Thomas Mann (1875 bis 1955) den nur sechs Monate jüngeren Rilke als „österreichischen Snob“ bezeichnet, dessen „Ästhetizismus, adliges Getu', frömmelnde Geziertheit“ ihm „peinlich“ waren und ihm Rilkes Texte „unerträglich“ machten.[9]

Selbst zwischen den Verlobten Dietrich Bonhoeffer (1906 bis 1945) und Maria von Wedemeyer (1924 bis 1977) gab es eine kleine Kontroverse im Blick auf Rilke. In den »Brautbriefen« aus »Zelle 92« bedankt sich Dietrich zwar für die Rilke-Ausgabe, die Maria ihm ins Gefängnis geschickt hat, fährt aber fort: „Aber du weißt ja schon - ich bin irgendwie auf einen anderen Ton gestimmt.“ Darauf antwortet Maria erschrocken: „Dass Dir Rilke augenblicklich so gar nichts sein kann, hat mir erst einen Schlag versetzt. Er ist vielleicht der einzige Dichter, für den ich mich ganz vorbehaltlos begeistern kann.“[10] Ich führe ihre andere Einstellung zu Rilke nur zu einem geringen Teil auf Marias Jugend zurück, denn ein ähnliches Muster zeigt sich, wie ich es in manchem Seelsorgegespräch erlebt habe, bis heute bei vielen Menschen. Wenn Bonhoeffer dann in seinem berühmten Gedicht aus der Gestapo-Haft für Maria und seine Mutter zu Weihnachten 1944 von „guten Mächten“ spricht, von denen wir „treu und still umgeben, / behütet und getröstet wunderbar“ statt theologisch traditionell und präziser „erlöst“ sind, und von „jenem vollen Klang / der Welt, die unsichtbar sich um uns weitet“ (Ev. Gesangbuch Nr. 65), verlässt er damit den oft strengen Sprachgebrauch der Bekennenden Kirche. Doch er drückt sich keineswegs schon „rilkesk“ aus, wie Johannes Schwanke meint feststellen zu können.

Karl Barths Diktum, Rilke setze „fromme Unverschämtheiten“ in die Welt, zeugt durchaus noch von Hochachtung.[11] Jedoch das Urteil anderer Theologen

---

[9] Wie auch im Vorstehenden folge ich hier und im Folgenden weitgehend Schwanke, S. 512f. - Rilke seinerseits hat Thomas Manns „Tod in Venedig“ in einer zweiteiligen Rezension zunächst gelobt, dann im Blick auf das Verhältnis von Gefühl und Sprache für ungenügend gehalten, sich über die „Buddenbrooks“ aber anerkennend geäußert.

[10] Dietrich Bonhoeffer / Maria von Wedemeyer: Brautbriefe Zelle 92 - 1943 bis 1945, hg. v. Ruth Alice von Bismarck, München 1999, S. 17 (hier zit. n. Schwanke, S. 513). Dietrich Bonhoeffer las damals neben historischen Werken u. a. Adalbert Stifter und betete täglich mit Paul Gerhardt-Liedern.

[11] Karl Barth: Kirchliche Dogmatik II/1, Zollikon 1946, S. 316 (hier zit. n. Schwanke, S. 513).

lautet auf Blasphemie und Pantheismus, der alle Unterschiede zwischen Gott einerseits, der Natur und dem Menschen andererseits einebnet, wie es von Rilke als Teilnehmer an okkulten Seancen auch kaum anders erwartet werden könne. Hingegen nimmt der röm.-kath. Religionsphilosoph und Theologe Romano Guardini (1885 bis 1968) bereits in den 1930er Jahren Rilkes DUINESER ELEGIEN weitgehend zustimmend als prägnante Meditationen auf.[12] Dem widerspricht der ebenfalls röm.-kath. Theologe Karl Rahner (1904 bis 1984) mit der Bemerkung, die religiöse Motivik bei Rilke sei „Staffage", namentlich das Engel-Motiv.

In der Tat vernehmen wir bei Rilke, der von sich selbst sagt (FT, S. 176): **...ich bin eine Saite / und über rauschende, breite / Resonanzen gespannt**, viel Mystisches. An wem orientiert sich Rilke? An Meister Eckhart (etwa 1260 bis 1328), dessen Predigten er durch die Anthologie „Mystische Schriften" von Gustav Landauer (1903) oder mindestens durch die Volksausgabe seiner Schriften und Predigten von Hermann Büttner (1903/1909) gekannt haben muss.[13] An Jacob Böhme (1575 bis 1624) und Angelus Silesius (1624 bis 1677).[14] An dem Romantiker Novalis (1772 bis 1801) und den Schleiermacher (1768 bis 1834) der »Reden über die Religion« (1799), in denen er Religion bzw. Glauben beschreibt als eine „eigene Provinz im Gemüt", als „Sinn und Geschmack für das Unendliche" und „Gefühl schlechthin[n]iger Abhängigkeit". Er nimmt Motive auf von Schelling (1775 bis 1854), Schopenhauer (1788 bis 1860) und vor allem von Nietzsche (1844 bis 1900), den er durch Lou Andreas-Salomé intensiv kennengelernt hat. Er bedient sich ebenso der Lebensphilosophie Henri Bergsons (1859 bis 1941). Auf sie alle nimmt Rilke völlig unakademisch Bezug, sie sind, um es etwas boshaft auszudrücken, sein inspiratives, spirituelles Warenlager. Rilke war Dichter, kein Denker, jedenfalls kein traditioneller im philosophischen Sinn.

Rilke denkt in Bildern, in Sprach-Bildern. Seine Wort- sind Bildkaskaden. Das zeigt sich selbst in den von dem Bildhauer Auguste Rodin (1840 bis 1917), dessen Privatsekretär er einige Monate ist, und dem Maler Paul Cézanne (1839 bis

---

[12] Romano Guardini: Rilkes Deutung des Daseins. Eine Interpretation der Duineser Elegien (2., 4., 8. Elegie), Mainz/Paderborn 2014 (Erstauflage 1941).

[13] Näher belegt und ausgeführt von Georg Steer: Rainer Maria Rilke als Leser Meister Eckharts (in: Fischer, S. 361-380).

[14] Vgl. Wolfgang Schulze: Angelus Silesius und Rainer Maria Rilke, in: Evangelische Theologie, 18. Jg. (1958), S. 185-189.

1906), dessen Bilder er 1907 in einer Pariser Ausstellung sieht, angeregten »Dinggedichten«, die sich schon im auch die Erfahrungen einer Schweden-Reise verarbeitenden BUCH DER BILDER (1902/1906) andeuten und die die NEUEN GEDICHTE (1907, DER NEUEN GEDICHTE ANDERER TEIL 1908) auszeichnen.

Das hat einen anderen röm.-kath. Theologen, Otto Betz, in einem erst 2015 erschienenen Buch mit dem Titel „Weiter als die letzte Ferne" veranlasst, „mit Rainer Maria Rilke die Welt (zu) meditieren": „Rilkes Dichtung hat mit unserer Alltagswelt und unserem Leben zu tun, trotz des hohen Tons und der anspruchsvollen Sprache. ... Er spricht von sich als einem, **der dem Leben immer noch lernend, staunend, aufnehmend** einverständig ist; was bleibt uns Lesern anderes übrig, als uns ebenso offen und vorurteilslos der Wirklichkeit zu stellen? ... Ohne aus Rilkes Werk eine Hausapotheke machen zu wollen, wird man doch sagen dürfen: Sein lebendiges Wort wirkte (und wirkt) ins Dasein der Menschen hinein. Rilke hat nicht viel vom Trost gehalten, zu sehr fürchtete er, nur vage zu vertrösten. Es ging ihm um die ehrliche Konfrontation mit der harten Realität. Er war immer der Überzeugung, »**dass die Güter des Lebens rein und unverdorben und im Tiefsten begehrenswert aus Umsturz und Untergang hervorgehen**«." (Betz, S. 8f)

Es gibt noch eine Variante des (literaturwissenschaftlichen) Umgangs mit Rilke. Wie noch darzustellen sein wird, hat Rilke eine ausgesprochen christentums-kritische Seite. Das hat zu der Behauptung geführt, Rilkes Poesie sei trotz ihrer religiösen Motive und Metaphern eine Absage an alles Religiöse, folglich dürfe es bei der Rilke-Interpretation auch keine Rolle spielen und müsse außen vor gelassen werden. Aber dieser Deutungsansatz und -anspruch dürfte der eigenen Religionsabständigkeit derer, die ihn geltend machen woll(t)en, geschuldet sein, wenn nicht gar einem Säkularfundamentalismus. Denn schon eine unvollständige Zusammenstellung der Themen und Titel im Rilkeschen Œuvre lässt unbeschadet der Detailinterpretation mit großer Klarheit erkennen, dass die Dimension des Religiösen bei diesem Dichter ernsthafteste und genaueste Beachtung verlangt, zumal Rilke die Bibel und die Bücher des dänischen Dichters Jens Peter Jacobsen (1847 bis 1885) als ihm **unentbehrlich** gelten.[15]

[15] Näheres bei Katja Brunkhorst in RHB, S. 37-43, sowie an etlichen weiteren Stellen im RHB.

Hier nur einige eher wahllos herausgegriffene Beispiele für Themen und Titel von Gedichten mit unübersehbar religiösem oder (bibel-)theologischem Bezug, auch wenn Rilkes Verarbeitung von der traditionellen Auffassung deutlich unterschieden, ja ihr entgegengesetzt sein kann: ADVENT, CHRISTUS-VISIONEN, GESCHICHTEN VOM LIEBEN GOTT (Erzählungen), GEBET, MARIEN-LEBEN (1912 von Paul Hindemith vertont), MAGNIFICAT, EMMAUS, DER AUSZUG DES VERLORENEN SOHNS, JOSUAS LANDTAG, VERKÜNDIGUNG - DIE WORTE DES ENGELS, DAS JÜNGSTE GERICHT, REQUIEM, DAVID SINGT VOR SAUL, ABISAG, PIETÀ, BUDDHA, DIE KATHEDRALE, GOTT IM MITTELALTER, DER ENGEL, SANKT SEBASTIAN, KLAGE UM JONATHAN, TRÖSTUNG DES ELIA, SAUL UNTER DEN PROPHETEN, SAMUELS ERSCHEINUNG VOR SAUL, EIN PROPHET, JEREMIA, ABSALOMS ABFALL, ESTHER, DIE VERSUCHUNG, KREUZIGUNG, DER AUFERSTANDENE, ADAM, EVA, ABENDMAHL, MOHAMMEDS BERUFUNG, BUDDHA IN DER GLORIE, NONNEN-KLAGE, HIMMELFAHRT MARIAE, AUFERWECKUNG DES LAZARUS, CHRISTI HÖLLENFAHRT, SANKT CHRISTOFFERUS, DIE WORTE DES HERRN AN JOHANNES AUF PATMOS (Herausgeber-Titel), FRAGE AN DEN GOTT, DES GOTTES ANTWORT...

Schon diese Beispiele, Verweise auf Archetypen des Religiösen, belegen: Das gesamte Werk Rilkes ist in einer in der klassischen Moderne[16] sonst nirgendwo anzutreffenden Fülle und Vielfalt von Bezugnahmen auf religiöse Erfahrungen und auf Gott durchzogen. In einer Zeit, in der „die Dinge aufhörten, sich gegenseitig zu bestätigen",[17] hält Rilke wie kein anderer an der Möglichkeit einer unio mystica fest, zumindest erinnert er an, erahnt er sie.

Das gilt nach meiner Wahrnehmung auch von den »Dinggedichten«! Wobei ich sogleich hinzufüge, dass ich den literaturwissenschaftlichen Fachausdruck »Dinggedichte« für so bekannte Gedichte wie DER PANTHER, RÖMISCHE FONTÄNE, DAS KARUSSELL, DER TURM, DIE INSEL für irreführend halte. Zwar ist vor allem Rilkes Schaffensphase von 1902 bis 1910, die er mit Unterbrechungen vor allem in Paris verbrachte, an konkreten Gegenständen ausgerichtet: Statt sich Welt und Leben vom »lyrischen Ich« aus zu erschließen und dieses »lyrische Ich« sprechen zu lassen, geht es ihm um das **sachliche Sagen der Dinge**. Aber dabei lässt der Dichter die „Dinge" so zu sich, seinem Inneren, sprechen, dass er sich

[16] Näher kennengelernt habe ich die klassische Moderne durch Hugo Friedrich: Die Struktur der modernen Lyrik, rde 25/26/26a, erw. Neuausgabe, Hamburg 1967; Günter Blöcker: Die neuen Wirklichkeiten - Linien und Profile der modernen Literatur, dtv 470, München 1968.

[17] So in einer geglückten Formulierung Walter Jens: Statt einer Literaturgeschichte, Düsseldorf/Zürich 1998, S. 112 (S. 111-134: Der Mensch und die Dinge - Die Revolution der deutschen Prosa: Hofmannsthal - Rilke - Musil - Kafka - Heym).

in sie hineinversetzt bzw. das „Ich“ des Autors niemals außen vor bleibt, ja in dieser Art Subjekt-Objekt-Spiegelung das Maß personaler Empfindsamkeit gesteigert ist. Nach meinem Eindruck gilt schon für Rilkes »Dinggedichte«, was Paul Klee (1879 bis 1940) von der Kunst überhaupt sagte: „Kunst gibt nicht das Sichtbare wieder, sondern macht sichtbar.“

Übrigens nimmt Rilke damit auf seine Weise auf, was nur wenige Jahre später durch Niels Bohr (1885 bis 1962) und Werner Heisenberg (1901 bis 1976) in der »Kopenhagener Deutung der Atomphysik« als Verschränkung[18] von Beobachtetem und Beobachtendem, Experimentator und Experiment zur wissenschaftlichen Leitidee wird. Sie hat Heisenberg zu der Aussage veranlasst, die Natur gebe nur Antwort auf Fragen, die der Mensch ihnen stellt, weil die Fragestellung die Wahrnehmung steuert. Dann sind die Naturgesetze keine objektiven Gegebenheiten unabhängig vom Menschen, sondern sie beschreiben die Weise der menschlichen Naturwahrnehmung, insofern sind sie »Konstruktionen« menschlichen Geistes. Damit bin ich wieder bei Rilke:

Auf die eben angedeutete Weise drücken nach meinem Eindruck gerade die »Dinggedichte« etwas von unio aus, von Vereinigung bzw. Verschränkung. Das geht weit über die Naturgedichte hinaus, betrifft aber gerade sie, wie die beiden bekannten Herbstgedichte aus dem BUCH DER BILDER: DES ERSTEN BUCHES ZWEITER TEIL zeigen (S. 344+346; ein weiteres Herbstgedicht S. 966):

HERBSTTAG
HERR, es ist Zeit. Der Sommer war sehr groß.
Leg deine Schatten auf die Sonnenuhren,
und auf den Fluren lass die Winde los.

Befiehl den letzten Früchten voll zu sein;
gieb ihnen noch zwei südlichere Tage,
dränge sie zur Vollendung hin und jage
die letzte Süße in den schweren Wein.

Wer jetzt kein Haus hat, baut sich keines mehr.
Wer jetzt allein ist, wird es lange bleiben,
wird wachen, lesen, lange Briefe schreiben

[18] In einem erweiterten Sinn dieses Wortes macht man sich in der derzeit begonnenen Phase der Computer-Entwicklung auf Basis der Quantenphysik (»Quantencomputer«) dieses »Entanglement« (Verschränkung) zunutze: Quantenphysikalisch können Protonen an verschiedenen Orten zugleich sein, wodurch unvorstellbar beschleunigte Informationsübertragungen über weite Distanzen hinweg möglich werden.

und wird in den Alleen hin und her
unruhig wandern, wenn die Blätter treiben.

HERBST
Die Blätter fallen, fallen wie von weit
als welkten in den Himmeln ferne Gärten;
sie fallen mit verneinender Gebärde.

Und in den Nächten fällt die schwere Erde
aus allen Sternen in die Einsamkeit.
Wir alle fallen. Diese Hand da fällt.
Und sieh dir andre an: es ist in allen.

Und doch ist Einer, welcher dieses Fallen
unendlich sanft in seinen Händen hält.

Das ist nun wirklich religiöse Poesie! Gegen die voreingenommene Nichtbeachtung der religiösen Dimension schreibt der Rilke-Forscher Wolfgang Braungart: „Grundsätzlich haben sich die Fragen von Religion und Metaphysik in der Moderne nicht erledigt. In ganz Europa entsteht um 1900 ein neues Interesse an Religion, das unverkennbar auch mit der Wahrnehmung des sich beschleunigenden Modernisierungsprozesses und seiner Konsequenzen für das Subjekt und für soziale Gruppen und Gemeinschaften in Verbindung steht.“ Vor diesem durch die religiöse Thematik in ihrem Eigengewicht aufgespannten Horizont für das ganze Œuvre Rilkes von den CHRISTUS-VISIONEN (1896/1898) bis zu den DUINESER ELEGIEN (1912/1922) und den SONETTEN AN ORPHEUS (1922) gilt ihm das STUNDEN-BUCH, diese lyrisch-religiöse Begleitmusik des »Jugendstil«, als gelungener „Versuch, ästhetische Modernität und Erbaulichkeit zusammenzubringen“ (RHB, S. 217+218). Dabei bleibt beachtet: Die **Engel** in den DUINESER ELEGIEN repräsentieren in anderer Weise als die biblischen Boten- und Verkündigungsgestalten den Zwischenraum zwischen Immanenz und Transzendenz in ihrem verbundenen Gegenüber und zugleich die Außenwelt der Innenwelt. Und in den SONETTEN AN ORPHEUS wird Christus zum Orpheus.[19]

...und dann und wann ein weißer Elefant...

[19] Mithin ist alles, was Kunst ist, weder keine Religion noch ist es schon Religion. Und der Rezeptionsästhetik zufolge, die mir für jedes Gedicht des Prager Poeten einzig angemessen zu sein scheint, entsteht der Sinn eines Textes im Lesenden, so sehr dieser vom Text selber inspiriert wird.

[3] Rilkes Credo I

Durch Johannes Schwanke bin ich auf zwei Rilkesche ›Glaubensbekenntnisse‹ aufmerksam geworden. Das erste Credo vom 2. April 1893 hat Rilke ausdrücklich so genannt:[20]

Mein Glaubensbekenntnis
2. April 1893.

Ihr lippenfrommen Christen
Nennt mich den Atheisten
Und flieht aus meiner Näh'.
Weil ich nicht wie ihr alle
Bethöret in die Falle
Des Christentumes geh.

Ich weiß es, eure Lehren,
Die wissen zu bekehren,
Die machen fromm und - dumm.
Denn nur damit ihr sündigt,
Hat man euch einst verkündigt
Das Evangelium.

Und eure Priester sorgen,
Dass heute oder morgen
Euch nicht mehr Klarheit wird.
Wacht mit Gesetz und Strafe
Doch über seine Schafe
Der »unfehlbare Hirt«.

O! heil'ger weiser Vater
Der du des Herrn Berather
Auf dieser Erde bist,
Du bist der erste Sünder -
Verzeih, ich sags gelinder:
Du bist der erste Christ.

Und deine Lämmer lehren:
Die Dreiheit sollt ihr ehren
Jetzt und in Ewigkeit
(füllt nur den Opferkasten, -
Dann seid ihr von den Lasten
Der Schulden bald befreit.)

[20] Da es in DIE GEDICHTE nicht enthalten ist, zitiere ich in verändertem Schriftbild nach Schwanke, S. 515f, aus »SIEH DIR DIE LIEBENDEN AN« - Briefe an Valerie von David-Rhonfeld, hg. v. Renate Scharffenberg und August Stahl, Frankfurt/M. 2003, S. 218ff [etwas anders in: SÄMTLICHE WERKE III, 489ff].

Die Schafe folgen alle,
Sobald mit lautem Schalle
Die Kirchenglocke hallt; -
Sie fühlen sich entschädigt,
Wenn nur der Pfaff die Predigt
Verschlafen niederlallt.

Der spricht von Tod und Ende, ...
Die falten ihre Hände
Und weinen sich halb blind.
Dann murmeln sie ein: Amen,
Und gehn in Gottes Namen, -
Wie glücklich sie doch sind! -

Sie sind ja doch gereinigt
Und werden nie gepeinigt
Von Fegefeuergluth.
Christ ist für sie gestorben,
Hat ihnen Heil erworben
Durch sein geheiligt Blut.

Er lehrte sie dies Leben
Und alles - hinzugeben
Wie er, - der Menschensohn.
Euch würd in andern Welten
Gott Vater es vergelten
Mit seinem höchsten Lohn! ...

»Du wirst dann untergehen«,
Ruft ihr, »nicht auferstehen,
Wenn die Posaune gellt!«
»Hab Dank, - ich bleibe liegen,
Ich lasse mirs genügen
An dieser einen Welt. -

Ich glaub an eine Lehre,
Von der man sagt, sie wäre
Auf Erden selbst sich Lohn.
Die Lehre, die ich übe,
Die Lehre heißt die Liebe,
Sie ist mir Religion.«

René

Hier rechnet der 18jährige Rilke mit seiner röm.-kath. Kirche und Erziehung ab. Seine bitterböse Polemik gegen das Konventionell-Konfessionelle ist mehr ein Unglaubens- als ein Glaubensbekenntnis. Eine Parodie des »Credo«. Doch sagt Rilke nicht, er sei Atheist, sondern nur, man könne oder solle ihn so bezeichnen - so geht er zugleich auf eine gewisse Distanz zu seiner Kritik, zu seinem Atheismus. Die wichtigsten Topoi des christlichen Glaubens kommen vor: Gotteslehre und Dreifaltigkeit (Trinität), Christologie und Soteriologie (Rechtfertigung), Ekklesiologie und Eschatologie. Es fällt dem Theologen leicht, seine sprachlichen Verschiebungen und Verdrehungen aufzuzählen, von denen ich jetzt nur drei anführe:

◦ In der Trinitätslehre wird nicht von der **Dreiheit Gottes** gesprochen, sondern von der „Dreieinigkeit" bzw. „Dreifaltigkeit" - und die ist nicht zu „ehren", sondern zu „glauben". Rilkes Kritik an der **Dreiheit** ist, sofern es keine Verballhornung darstellt, theologisch berechtigt.

◦ Gott befreit von „Schuld" und der „Last der Schuld", nicht von **Schulden** und **Schuldenlasten.**

◦ Der Papst wird als „Stellvertreter Christi" verstanden, was einen Auftrag und eine Aufgabe beinhaltet, nicht als **des Herrn Berather**, der eine besonders einflussreiche hohe Stellung innehätte.

Kritisiert Rilke das Dogma selbst oder nur dessen schiefe Weitergabe bzw. dessen Verballhornung? Viele seiner Kritikpunkte, die seine persönliche Erfahrung und Einstellung wiedergeben, aber keineswegs für die ganze Realität gehalten werden sollten, sind wohlfeil und altbekannt: z. B. Verdummung, Jenseitsverhaftung und Diesseitsverleugnung, blinder Gehorsam, pastorale Langeweile. Doch eben dazu und zu einem Zwangssystem, ja noch Schlimmerem kann Religion missbraucht werden. Im Blick darauf können Parodie, Ironie, Satire auch eine kathartische Wirkung haben. Sie können Sprachhülsen aufsprengen und Sprachnebel fortblasen für tieferen Glauben und klarere Erkenntnis. Die Pointe der Rilkeschen Religions- als Dogmenkritik sehe ich in der 2. Strophe: Die Umkehrung des Evangeliums von Vergebung und Ermutigung zur Erzeugung von und Unterwerfung unter ein Schuldbewusstsein, damit die Abkehr von dem, was Schuld existentiell bedeutet.

Bemerkenswert ist aber: Wo es um »Christus« selber geht, schaltet Rilke um von persiflierender Bespöttelung zum persönlichen Bekenntnis in den Strophen 8 und 9: zur Religion der Liebe. Von der war immer schon die Rede. Rilke ist also wenig originell und bleibt ziemlich abstrakt, es sei denn, wir vermuten seine Verliebtheit in Valerie von David-Rhonfeld als konkrete Person dahinter. Das ist bei Rilke niemals auszuschließen, später kann er Derartiges drastisch mit Zügen zum Pornographischen hin ohne Umschweife ausdrücken. Wir können dieses Gedicht als Spott über theologische Termini und Kategorisierungen bewerten. Aber das muss keineswegs die einzige Sichtweise sein. Wo Rilke absichtlich unscharf bleibt und fromme Formeln aufs Korn nimmt, deren Hohlheit, wenn es sich tatsächlich um erstarrte Formulierungen handelt, er ja durchaus zu Recht entlarvt, kann es sich auch um seine abwehrende Empfindsamkeit gegenüber Begriffsgeklapper, ja um seine oben erwähnte Furcht vor entstellender Vereindeutigung handeln (S. 188f): **Ich fürchte mich so vor des Menschen Wort... / ...Ihr bringt mir alle die Dinge um.**

In der Tat, nur wenn ich jenseits tödlicher Thesen, die kein Mensch braucht und hören will, von Gott rede, kann ich die erfahrene Nähe Gottes glaubwürdig verkündigen. Nicht erst und nur Rilke, gleichwohl er in pointierter Weise drängt mich dazu, die Spannung zwischen äußerem Kult und innerer Spiritualität anzuerkennen und auszuhalten. Religion braucht Konkretion im erlebbaren sinnlichen Ausdruck, wenn aber Innen und Außen außer Balance geraten, kann beides leer laufen, der äußere Glanz wird zum leeren Schein, die innere Substanz löst sich in Nonsens auf. Und wenn das Moment der Freiheit verlorengeht, wenn Religion nicht mehr Einladung zum Glauben, so sehr dieser unausweichlicher, unerwarteter Ruf ist, sondern z. B. durch religiöse Riten in Furcht und Berechnung verkommen ist, bedarf sie entschiedener Umformung und Neugestaltung. Wie Innen und Außen zusammenstimmen können, ist eine Grundfrage des Protestantismus, dem es stets um - auch auf sich selbst anzuwendende - prophetische Kritik und kulturelle Gestaltung geht (Paul Tillich).

Damit stellt Rilke, mag es auch in einer seine Scham verbergenden unverschämten Weise sein, uns zugleich vor die zu jeder Zeit zentrale Frage, die Karl Barth so formuliert hat und die mich persönlich wie in meinen pastoralen Aufgaben immer neu beunruhigt, aber auch herausfordert und antreibt: „Wir sollen als Theologen von Gott reden. Wir sind aber Menschen und können als solche nicht von Gott reden. Wir sollen Beides, unser Sollen und unser Nicht-Können, wissen und eben damit Gott die Ehre geben."[21]

Ich kann es für mich noch anders ausdrücken: Weder kann ich von Gott reden noch darf ich Gott verschweigen. Das rechte Wort von Gott ist ein Wort aus Gott. Es kommt aus dem Wort, in dem Gott zu mir spricht, bevor ich zu und von Gott spreche. Darum steht am Anfang wie am Ende das Schweigen, das kein Verschweigen, sondern „lieben und loben" (EG Nr. 398,2 [Zeile 14]) des unausforschlichen Geheimnisses von Welt und Leben ist, ihres göttlichen Grundes, des Sein-Selbst. Denn sonst könnte ich Gott nicht zuhören, dessen Namen ich zwar aussprechen darf, indem ich ihn anspreche, den ich aber niemals zu Ende sprechen kann. Dabei kann es sein, dass Gott in beredter Weise schweigt, sodass ich ohnehin nur vom Schweigen Gottes reden kann, wie Paul Tillich die Predigtaufgabe beschreibt für Zeiten, in denen Gott gerade in der Verborgenheit und im Vermissen besonders nahe ist. Zu glauben und zu bekennen heißt: Gott immer wieder neu um Gott zu bitten (nach Johann B. Metz). Damit will ich etwas von dem andeuten, was ich von Meister Eckharts Wort noch ganz im Anfang des Verstehens, gleichsam als Spur meine vernehmen zu können: „Gott wird dann in uns geboren, wenn alle Kräfte unserer Seele, die vorher durch Gedanken, Bilder und was es auch sei gebunden und gefangen waren, ledig und frei werden und in uns alle Absicht zum Schweigen kommt."[22] **Ich habe Hymnen, die ich schweige,** so der frühe Rilke (S. 225). Und der späte: **Wer inniger schwieg, rührt an die Wurzeln der Rede** (S. 1044). Das staunende Schweigen ist die Quelle der Sprache.

...und dann und wann ein weißer Elefant...

[21] Karl Barth: Das Wort Gottes als Aufgabe der Theologie, in: Jürgen Moltmann (Hg.): Anfänge der dialektischen Theologie I, München 1962, S. 199 (da ich dieses Buch verschenkt habe, auch hier wieder zit. n. Schwanke, S. 520).

[22] So ein bekanntes, für mich aber jetzt nicht genau verifizierbares Eckhart-Zitat, das mir Hildegard Röhr zu Ostern 2015 als kleinen Druck geschenkt hat.

[4] Rilkes Credo II

Bei all seinen Irrungen und Wirrungen hat Rainer Maria Rilke, wie mir scheint, diese Spur niemals verlassen. Er hat zumindest erahnt, was ihm fehlt.[23] Für ihn sind Gott und Glaube noch wirksam, wenn sie verloren werden. Er sieht noch Glut unter der Asche. Bei Rilke deutet sich eine inverse Religiosität an, die sich, wenn sie die Rückseite des Spiegels noch einmal im Spiegel betrachtet, in verloschen geglaubten Lichtpunkten und verloren gegebenen Hoffnungsspuren wiederentdeckt. So lese ich sein anderes ›Glaubensbekenntnis‹ (Credo II). Wir finden es in dem den altfranzösischen Laien-Brevieren, den meist mit Miniaturen verzierten »Livres d'heures«, nachempfundenen STUNDEN-BUCH, das Rilke in der Rolle eines orthodoxen Ikonenmaler-Mönches schreibt. Dort ist es Teil einer längeren bekenntnishaften Passage (S. 214):

Ich liebe dich, du sanftes Gesetz,
an dem wir reiften, da wir mit ihm rangen;
du großes Heimweh, das wir nicht bezwangen,
du Wald, aus dem wir nie hinausgegangen,
du Lied, das wir mit jedem Schweigen sangen,
du dunkles Netz,
darin sich flüchtend die Gefühle fangen.

Du hast dich so unendlich groß begonnen
an jenem Tage, da du uns begannst, -
und wir sind so gereift in deinen Sonnen,
so breit geworden und so tief gepflanzt,
dass du in Menschen, Engeln und Madonnen
dich ruhend jetzt vollenden kannst.

Lass deine Hand am Hang der Himmel ruhn
und dulde stumm, was wir dunkel tun.

WERKLEUTE sind wir: Knappen, Jünger, Meister,
und bauen dich, du hohes Mittelschiff.
Und manchmal kommt ein ernster Hergereister,
geht wie ein Glanz durch unsere hundert Geister

[23] Mindestens ein „Bewusstsein für das, was fehlt," nämlich was nur von außen, passiv geschehen kann: gerechtfertigt zu werden, verlangt von denen, die - wie er selbst - Atheisten bleiben wollen, Martin Walser in seiner Auseinandersetzung mit Friedrich Nietzsche auf der einen und Karl Barth auf der anderen Seite - siehe Martin Walser: Über Rechtfertigung, eine Versuchung, Reinbek 2012.

und zeigt uns zitternd einen neuen Griff.

Wir steigen in die wiegenden Gerüste,
in unsern Händen hängt der Hammer schwer,
bis eine Stunde uns die Stirnen küsste,
die strahlend und als ob sie Alles wüsste
von dir kommt, wie der Wind vom Meer.

Dann ist ein Hallen von den vielen Hämmern
und durch die Berge geht es Stoß um Stoß.
Erst wenn es dunkelt lassen wir dich los:
Und deine kommenden Konturen dämmern.

Gott, du bist groß.

Nachdem ich dieses Gedicht abgeschrieben habe, wozu eine erhöhte Aufmerksamkeit gehört, gerate ich doch ins Schwanken zwischen Faszination und Skepsis: Bin ich der Suggestion Rilkescher Dichtkunst und Wortmagie aufgesessen, sodass ich zwischen der auf Gott gerichteten Doxologie und der Apotheose des Menschen, mit der der Dichter zumal sich selbst herausputzt, nicht mehr unterscheiden kann? Oder macht Rilke nur damit ernst, dass, wie später Rudolf Bultmann gesagt hat, von Gott zu sprechen immer auch vom Menschen zu sprechen bedeutet? Dann wäre rechte Theologie stets auch rechte Anthropologie, weil im Vernehmen des Wortes Gottes sich ein angemessenes Selbstverständnis des Menschen einstellt.[24] Mit anderer Akzentsetzung und von den eben Genannten bisweilen scharf zurückgewiesen weisen mehr philosophisch gestimmte Theologen wie Paul Tillich darauf hin, dass der religiöse Ausdruck allemal Ausdruck der religiösen Erfahrung ist. Das jedenfalls ist die mich überzeugende Kernaussage von William James, dessen Buch ›The Varieties of Religious Experience‹ in den Jahren 1901/1902 erschien,[25] also fast zeitgleich mit Rilkes im Jahr 1899 verfasstem, im Jahr 1906 im STUNDEN-BUCH veröffentlichtem Text. Und niemand wird ernsthaft bestreiten wollen:

[24] Darin einig sind sich bei allen Differenzen die Vertreter der »Wort-Gottes-Theologie« (z. B. Barth, Bultmann, Gogarten, Tillich, später Ebeling, die Differenzen überbrückend Jüngel)!

[25] Neu aufgelegt in deutscher Sprache als William James: Die Vielfalt religiöser Erfahrung. Eine Studie über die menschliche Natur, übersetzt und herausgegeben von Eilert Herms und Christian Stahlhut, Frankfurt/M. 1997 (übrigens auch im Insel-Verlag, in dem die meisten Werke Rilkes erschienen sind). Siehe dazu Charles Taylor: Die Formen des Religiösen in der Gegenwart, stw 1568, Frankfurt/M. 2002.

Es ist ja - darin besteht eine Entsprechung zur modernen Quantenphysik - stets der Mensch, der - der Bibel zufolge nicht an, sondern - in Gott glaubt und diesem Glauben nachdenkt, also selbst im Glauben und Denken der Aseität, der Anders- und Selbstheit Gottes und der grundlegenden Differenz zwischen Gott und Mensch mit seinen Erfahrungs-, Denk- und Ausdrucksmöglichkeiten unmittelbar im Spiel ist. Es ist der Mensch, der Gott als das denkt, über das hinaus nichts Höheres gedacht werden kann (Anselm von Canterbury [etwa 1033 bis 1109]), und zugleich an den Bruchstellen der Erfahrung weiß, dass damit die mit dem Namen Gott als einem Grundwort unserer Sprache angesprochene umfassende und daseins-begründende Wirklichkeit, das Eine und Einende, noch keineswegs erreicht und gleichsam aus-gedacht, ganz begriffen werden kann (Thomas von Aquin). Schon im 6. Jahrhundert n. Chr. hatte ein unter dem Pseudonym ›Dionysius von Areopagita‹ bekannt gewordener Theologe geradezu eingeschärft, Gott sei ein Name für das unaussprechliche und gerade so erfahrbare Geheimnis von Welt und Leben, dessen worthafte Näherbestimmungen nur ex negativo möglich sind - und eben das dränge weg von allem Dinghaften hin zu Hymnus und Doxologie.[26] Diese »Negative Theologie« hatte einen besonderen Einfluss auf die Entstehung der Mystik namentlich eines Meister Eckhart. Für die mystische Spiritualität ist das Schweigen nicht das Ende des Redens von Gott, sondern dessen Anfang!

Gute Gründe, meine Vorbehalte gegenüber Rilkes Aussagen in diesem Gedicht hintanzustellen! Dabei stelle ich zunächst fest: Es beginnt dort, wo das Credo aus dem Jahr 1893 geendet hat, nämlich mit der Liebe. Der Dichter beschreibt seine „Religion der Liebe“ genauer als Liebesverhältnis zu Gott. Aber nicht zu einem abstrakten Numinosum, sondern konkret zu einem „Gesetz“. Darin erinnert er an die jüdische Tora: „Mose und die Propheten“, die wir zwar heute nicht mehr als „Gesetz“ („Nomos“), sondern als ›Weisung‹ verstehen - „Gesetz“ aber war der Rilke bekannte Begriff.[27] Dieses **Gesetz** ist **sanft**, aber der Mensch ringt mit ihm.

[26] Ivanka von Endre (Hg.): Dionysius Areopagita - Von den Namen zum Unnennbaren, Einsiedeln 2009[5]; Gerhard Wehr (Hg.): Der Mystiker Dionysius von Areopagita. Textauswahl, Wiesbaden 2013. Gerhard Wehr hat auch eine Textauswahl aus Meister Eckharts Werken herausgegeben.

[27] Es gehört zu den großen Irrtümern im Christentum, dass das paulinische „nomos“, das er für die Tora als griechischen Topos verwendet, verkürzend als „Gesetz“ in einem stark juristischen Sinn verstanden wurde, wodurch Luther und noch mehr das Luthertum sich berechtigt fühlte, dem Judentum »Werkgerechtigkeit« vorzuwerfen.

Rilke beschreibt das Gottesverhältnis des Menschen also statt als Ideal in seiner Realität als Reizung zum Widerstand, zu einem Ringen mit Gott, das auch Verletzungen bringt. Jetzt denke ich an Jakobs Kampf am Jabbok (Genesis 32), an dessen Ende weder ein Sieg Gottes über den Menschen noch des Menschen über Gott steht, aber der Mensch verletzt wird und auch dadurch **reift**: im Nennen seines Namens bekennt er sich zu sich selbst, auch zu seinen Lügen und Betrügereien, und erhält den neuen Namen »Israel«, also »Gottesstreiter«. Das bringt ja auch, recht verstanden, die Erfahrung: Wir reifen im Umgang mit Fragen, Forderungen und eigenem Fehlverhalten, dabei lernen wir uns besser kennen. Der Glaube selbst ist ein Reifen - nicht im Sinne eines Fortschritts, eines Mehr, sondern im immer stärkeren Aushalten der Spannung des »Simul-iustus-et-peccator-Seins« und so, nur so ein »Wachsen zu Christus hin« (Epheser 4,15).

Wirklich gute theologische Gründe, sich den Aussagen Rilkes so unvoreingenommen wie möglich zu stellen und den Dichter beim Wort bzw. Bild zu nehmen! Gott ist für ihn außer **Gesetz** ebenso **Heimweh, Wald, Lied** und **Netz.** Die religiöse Sprache ist Symbol-, d. h. auch Bildersprache. Der Sinn, um den es geht, und sei er noch so brüchig, hat stets etwas zu tun mit Sinnlichkeit. Es gibt nichts Geistiges ohne Leibliches, wenn es denn um Erfahrung geht. Das gibt die Psalmensprache zu erkennen. So ist es nachvollziehbar und gerechtfertigt, wenn Rilke Gott unmittelbar anredet: **du großes Heimweh, das wir nicht bezwangen.**

In der Tat klingt in dem Wort, dem Namen Gott einer unserer tiefsten Lebenswünsche an: nach Hause zu kommen, Geborgenheit zu erfahren. Diesem Verlangen, so Rilke, kann kein Mensch entrinnen, wir können es nicht **bezwingen.** Ein Lebenswunsch, der einfach da ist. Er ist unauslöschbar, zumal als metaphysisches Heimweh.

Damit erteilt Rilke dem materialistischen Naturalismus seiner Zeit, der Welt und Leben vollständig aus sich selbst erklären will, eine Absage. Sein Atheismus, wenn ich davon denn noch sprechen dürfte, kommt gegen Gott nicht an, weil er - und sei es in der Verabschiedung - ohne Gott nicht auskommt (S. 254ff):

Ich bin derselbe noch, der bange
dich manchmal fragte, wer du seist.
Nach jedem Sonnenuntergange
bin ich verwundet und verwaist,
...
Dann brauch ich dich, du Eingeweihter,
du sanfter Nachbar jeder Not,
du meines Leidens leiser Zweiter,
du Gott, dann brauch ich dich wie Brot.
...
Wen soll ich rufen, wenn nicht den,
der dunkel ist und nächtiger als Nacht.
Den einzigen, der ohne Lampe wacht
und doch nicht bangt; den Tiefen, den das Licht
noch nicht verwöhnt hat und von dem ich weiß,
weil er mit Bäumen aus der Erde bricht
und weil er leis
als Duft in mein gesenktes Angesicht
aus Erde steigt.

Unbeschadet also der Frage, ob Metaphysik überhaupt möglich sei, scheint uns das metaphysische Heimweh, sofern es in ihr halbwegs mit rechten Dingen zuging, aus der Kindheit ins Leben und bleibt noch in unserem letzten Atemzug wach. Es gehört zur »conditio humana«, zur Bedingung und Art des Menschseins. Dabei denke ich an Sören Kierkegaard, den ich aus dem Gedächtnis zitiere: „Gottes zu bedürfen, ist das höchste Glück des Menschen." Diese Gottesbedürftigkeit ist eine Quelle unseres Selbst, denn wonach wir verlangen und was wir erwarten, macht uns zu dem, was wir sind.[28]

Ein für mich fremderes Bild ist, Gott als **Wald** anzusprechen: **du Wald, aus dem wir nie hinausgegangen.** Allerdings, für viele Mönche ist der Wald ein Ort der Gottesbegegnung. In einem weniger aufgeladenen, aber doch bedeutsamen Sinn ist für mich der Loccumer Klosterwald ein wichtiger Ort: Der Nebel liegt noch über den Klosterteichen - die Morgensonne blitzt durch die Blätter der Bäume. Hier deutet sich, so empfinde ich es, das »mysterium fasci-

[28] Hier verbinde ich Gedanken von Arnold Metzger: Freiheit und Tod, Tübingen 1955, der den Menschen wesenhaft als nach dem Einen Suchenden versteht, und Charles Taylor: Quellen des Selbst. Die Entstehung der neuzeitlichen Identität, stw 1233, Frankfurt/M. 1996, der in der Transzendenzerfahrung, zu der auch die des unstillbaren Interesses am Wissen gehört, das Personsein konstituiert sieht. Einen ähnlichen Grundgedanken entdecke ich auch in Hans Joas: Die Sakralität der Person. Eine neue Genealogie der Menschenrechte, stw 2070, Berlin 2015.

nans (fascinosum) et tremendum« an.[29] Denn im Wald gibt es Wege und Irrwege, ich weiß nicht, was hinter dem nächsten Baum begegnet: es könnte auch eine Gefahr sein. Hier sind die Bäume, die zum Lob Gottes »in die Hände klatschen« (Psalm 96,12), mir ganz nah - und doch ist der Wald ein Ort des Alleinseins und Alleinbleibens, der Einsamkeit. Diese Erfahrung lässt sich auf das ganze Leben beziehen: Wer wäre denn schon je einmal aus diesem Wald ... hinausgegangen?

Wenn Gott als **Lied** angesprochen wird: **du Lied, das wir mit jedem Schweigen sangen,** verliert auch der Protestant alle Vorbehalte, hat doch gerade der Protestantismus eine bedeutende musikalische Tradition seit Martin Luther (1483 bis 1546), Paul Gerhardt[30] (1607 bis 1676) und Johann Sebastian Bach (1685 bis 1750) hervorgebracht. Rilke aber wird noch etwas anderes gemeint haben. In der Passage zur »Negativen Theologie« habe ich es schon angedeutet: im Erfahren der Unausdeutbarkeit des Namens »Gott« erwacht der Lobgesang, der diesem »Namen über alle Namen« einzig angemessen ist. Dem gibt die Mystik eine weitere Wendung: Das Schweigen vor Gott ist als solches Gotteslob, wenn es denn zum Schweigen aus Gott geworden ist. Darin liegt zweifellos eine anti-protestantische Spitze des sein Leben lang römisch-katholischen Rilke. Nun, so wenig ich die bisweilen übersteigerte Intellektualität im Protestantismus bestreite, so sehr betone ich doch die hohe Emotionalität evangelischer Kirchenmusik. Welche geistliche Musik wäre in der Lage, die Bachschen Passionen zu übertreffen, insbesondere die Matthäus- und die Johannes-Passion?!

In ihnen begegnet Gott als mehr als **ein Netz, in dem sich flüchtend die Gefühle fangen:** diese Gefühle klären sich auch. Und im klaren Denken kann eine geradezu mystische Erfahrung aus der Tiefe des Seins (Paul Tillich) wahrgenommen werden, wie wir es z. B. bei Héloïse und Peter Abaelard, Giovanni di Fidanza (gen. Bonaventura), Wilhelm von Ockham und Nikolaus von Kues

---

[29] Als an der zur Nordsee hin sich öffnenden Weser-Mündung Aufgewachsener erlebe ich das »mysterium fascinosum et tremendum« noch sehr viel intensiver beim Blick auf das Meer bei Sturmflut und dann bei plötzlich ruhigerem Wetter mit Sonnenschein zwischen den Wolken.

[30] Wobei die besondere Wirkung der Paul-Gerhardt-Lieder nicht zuletzt auf den eindrucksvollen Kompositionen namentlich von Johann Crüger (1598 bis 1662) und Johann Georg Ebeling (1637 bis 1676) beruhen.

finden.[31] Doch hier kommt es darauf an festzuhalten, wie sehr sich Rilke von der Wirklichkeit Gottes umgriffen weiß. Dafür steht das Bild vom **Netz**, das als **dunkles** die tief verborgenen Beziehungen und das Hineinverwoben- und Aufgehobensein in der Gott genannten Wirklichkeit andeuten, ja es symbolisiert, dass Gott und Mensch, namentlich der Dichter, engstens miteinander verbunden sind.

Dieses Ineinander-Verwobensein von Gott und Mensch bedeutet für Rilke eine Entsprechung der Größe Gottes und der Größe des Menschen. „Gott ist groß, weil er die Welt erschaffen hat, und der Mensch ist groß, weil seine Größe und Reife sich aus Gottes Größe speisen.“ (Schwanke, S. 523) Schon Psalm 8, in dem der Mensch als „nur wenig niedriger denn Gott“ bezeichnet wird, macht deutlich: Es ist noch keine Demut, die „Größe“ des Menschen zu leugnen. Der Mensch ist nicht klein, weil Gott groß ist. Gott bleibt, auch bei Rilke, ganz der Schöpfer, die einzig daseins-begründende Wirklichkeit und insofern unerreichbar, aber der Mensch ist Gottes Ebenbild, das in Auftrag und Verantwortung Welt und Leben mitgestaltet. Das macht ihn groß. Darum will Gott sich im Menschen **vollenden**. Damit ist zugleich - zumindest mittelbar - die Frage nach dem Bösen in der Welt gestellt. Keineswegs schiebt Rilke das Böse ab auf Gott, sondern betrachtet den Menschen als „Urheber von Unheil und Unrecht. Auch wenn sich der Mensch in der Theodizeefrage gerne als Opfer stilisiert: ‚wir‘ sind es, die Böses tun und Leiden zufügen. Damit lenkt Rilke den Blick weg vom leidenden Menschen, hin zum leidenden Gott; weg vom leidenden Geschöpf, hin zum leidenden Schöpfer.“ (Schwanke, S. 524) Diese Schattenseite des Menschlichen lässt Rilke zum Ton des Gebets finden: **...und dulde stumm, was wir dir dunkel tun.** Ein dunkles Tun, das Gott selbst angetan wird.

WERKLEUTE sind wir: Knappen, Jünger, Meister,
und bauen dich, du hohes Mittelschiff...

Zunächst hatte ich den Verdacht, nun beginne Rilke, dem allgemeinen Fortschrittsglauben um 1900 zu huldigen. So sehr er aus meiner Sicht in der Ge-

[31] Siehe Kurt Flasch: Das philosophische Denken im Mittelalter. Von Augustin zu Macchiavelli, Reclams Universal-Bibliothek Nr. 18103, Stuttgart 2006[2]; Georges Duby: Héloïse, Isolde und andere. Frauen im 12. Jahrhundert, Frankfurt/M. 1997; Michael T. Clanchy: Abaelard. Ein mittelalterliches Leben, wbg, Darmstadt 2000. Hier jeweils das Geburts- und Sterbejahr von Héloïse: um 1095 bis 1164, Peter Abaelard: 1079 bis 1142, Bonaventura: 1221 bis 1274, Wilhelm von Ockham: 1288 bis 1347, Nikolaus von Kues: 1401 bis 1464.

fahr steht, eine Apotheose des Menschen zu betreiben, so wenig darf mir aus dem Blick geraten, dass es immer der Mensch ist, der als einziger die **hohen Mittelschiffe** bauen kann. Es müssen in Zukunft mehr die beweglichen Zelte werden, aber es sind nun einmal die hohen Dome, die lichtdurchfluteten gotischen zumal,[32] die mitten unter uns als steinerne und doch sprechende Zeugnisse des (christlichen) Glaubens stehen und zugänglich sind. Dabei sind nicht nur die Christinnen und Christen - oder meint Rilke, wovon Johannes Schwanke ausgeht, die Theologenzunft? - die Bauleute, sondern, wie die Stiftshütte und der Jerusalemer Tempel vor allem von kunstfertigen Fremden, die es so in Israel gar nicht gab, miterrichtet wurden, **Hergereiste**, die **zitternd einen neuen Griff** zeigen. Zu alledem, was da auf **wiegenden Gerüsten** in einer immer auch Gefährdung und Absturz bedeutenden stabilen Instabilität gestaltet werden kann, bedarf es einer Inspiration, die nur von Gott kommen kann **wie der Wind vom Meer**. Dieser Gott aber ist mehr als das **Hallen von dem vielen Hämmern** der jetzt Bauenden. Wenn sie ihn **loslassen**, nachdem - erst dann! - die Dunkelheit hereingebrochen ist, **dämmern** Gottes **kommende Konturen**. Denn es ist ja wahr (S. 207f):[33]

WIR bauen an dir mit zitternden Händen
und wir türmen Atom auf Atom.
Aber wer kann dich vollenden, du Dom.
Was ist Rom?
Es zerfällt.
Was ist die Welt?
Sie wird zerschlagen
eh deine Türme Kuppeln tragen,
eh aus Meilen von Mosaik
deine strahlende Stirne stieg.

Der gegenwärtige Gott ist also nicht festgelegt auf das Hier und Jetzt, sondern erschließt Zukunft, die über das hinausgeht, was in unserer Macht steht. Nach

---

[32] Großartig dargestellt von Georges Duby: Die Zeit der Kathedralen. Kunst und Gesellschaft von 980 bis 1420, Frankfurt/M. 1985[4]. Dass selbst der Unglaube nicht auf die Zeugnisse des Glaubens verzichten kann, zumal darum geht es in dem Roman von Pascal Mercier: Nachtzug nach Lissabon, Berlin 2006[15] (P. M. ist das Pseudonym für den in Berlin lehrenden Schweizer Philosophen Peter Bieri).

[33] Der Ausdruck „Stirn" muss hier nicht verwundern, denn im Aaronitischen Segen wird vom „Angesicht Gottes" gesprochen, den (hebr.) „Panim", d. h. „Hinwendungen" (Numeri 4,24-26), und der Hohepriester trägt eine Kapsel mit Gottes Worten an der „Stirn".

alledem kann das Gedicht nur mit einer Doxologie schließen (S. 215):[34] **Gott, du bist groß.**

...und dann und wann ein weißer Elefant...

[5] Kurzer Vergleich mit den CHRISTUS-VISIONEN

In dem eben vorgestellten zweiten Glaubensbekenntnis, das wohl 1899 unter dem nachhaltigen Eindruck von Rilkes erster Reise nach Russland mit Lou Andreas-Salomé (1899) entstanden ist bzw. Eingang in das BUCH VOM MÖNCHISCHEN LEBEN, dem ersten Teil des STUNDEN-BUCH, gefunden hat, schlägt Rilke einen anderen Ton an als in den zwar seit den 1930er Jahren bekannten, aber erst 1959 im Rahmen der SÄMTLICHEN WERKE veröffentlichten CHRISTUS-VISIONEN, 11 Gedichte auf 40 Textseiten vornehmlich aus den Jahren 1896/1897. Auch diese Erzählgedichte (DIE WAISE, DER NARR, DIE KINDER, DER MALER, DER JAHRMARKT, DIE NACHT, VENEDIG, JUDENFRIEDHOF) stehen dem Grunde nach unter Rilkes etwas späterem Diktum (S. 205):

Ich glaube an Alles noch nie Gesagte.
Ich will meine frömmsten Gefühle befrein.
Was noch keiner zu wollen wagte,
wird mir einmal unwillkürlich sein.

Aber besonders das letzte Gedicht JUDENFRIEDHOF lebt - m. E. in einem völligen Missverständnis der Aussage, Jesus Christus sei sowohl unvermischt als auch ungetrennt „wahrer Mensch und wahrer Gott“ - von der Absage an die Gottessohnschaft Jesu und ihrer visionären Umkehrung, wenn der so ähnlich auch in den vorangehenden Gedichten dargestellte Jesus auf dem Nichtsein Gottes beharrt, um zugleich den von ihm erfundenen Gott anzuklagen. Wessen beschuldigt Jesus, dem Rilke abwechselnd und gleichzeitig die Züge eines Proletariers, eines Narren, eines Wahnsinnigen, eines Besessenen, eines Täuschers und eines Getäuschten gegeben hat, seinen Gott? Dass er als sein »Sohn« der für ihn Liebende sein soll und deshalb kein eigener Mensch mehr sein kann. Mit anderen Worten: Dieser Rilkesche Jesus klagt seinen Gott an

[34] Für dieses Hymnologische und Doxologische plädiert hat, viele religionskritische Fachkollegen in ganz Europa verwirrend und verstörend, neuerdings der französische Soziologe Bruno Latour: Jubilieren. Über religiöse Rede, Berlin 2011.

wegen einem Zuviel an Liebe (S. 753):[35] **...die ganze Welt zugrund geht an der Liebe.**

Dieses Zuviel an Liebe, das er geben musste bis zuletzt, hat ihn im wahrsten Sinn des Wortes das Leben gekostet, sodass er nicht wirklich als Lebendiger da sein konnte und kann für die Menschen, die ihn brauch(t)en, hier dargestellt als Waise, Narr, Maler, Kinder, die einem Christus in seiner Visionsgestalt als Helfer für sie begegnen. Doch dieser Helfer bleibt selbst hilfebedürftig, er ist von Gott verlassen und aus dem leiblichen Leben herausgenommen, kann also nicht wirklich die Nähe leben zu den Menschen, die seiner bedürfen.

Rilke wehrt sich, ohne in einen reduktionistischen Naturalismus und Materialismus abzugleiten, gegen eine Jenseitsgläubigkeit, die das Leben hier und jetzt abwertet. Hingegen plädiert er für einen Gott, der im Leben und als Leben selbst erfahren wird - und so, als noch und immer wieder Werdender, z. B. die Zukunft der Kinder ist. Aber die sich in Visionen äußernde Position ergibt sich hier noch aus der Negation (S. 736): **...nur der niegewusste Gott könnte groß sein....**

Wo aber Negativität Positivität hervorruft, muss etwas geschehen sein, das der Philosoph, Mathematiker und Logiker Ludwig Wittgenstein so formuliert hat: „Gott kannst du nicht mit einem anderen reden hören, sondern nur, wenn du der Angeredete bist."[36]

An dieser Stelle wage ich ein Zwischenfazit: Wer Rilke liest, wird Zeuge einer ganz eigenen Transformation des Religiösen, hier als „Metamorphose des Christlichen" (Kuschel, S. 65), für die ich in der deutschen Literatur keine Parallele kenne. Der Prager Poet dürfte wie kein anderer deutschsprachiger Dichter der klassischen Moderne die christliche Metaphysik, jedenfalls wie sie ihm begegnet sein mag und wie er sie verstand, dekonstruiert haben, um im nächsten Atemzug aus dem tiefen Erbe des Christentums in einer wahren Metaphernexplosion zu sprechen. Robuste Antichristlichkeit auf der einen Seite, kreative Rezeption des christlichen Kosmos auf der anderen Seite, gelegentlich

[35] Die von Rilke gedichtete Christus-Rede am Grab des Rabbi Löw auf dem Prager Judenfriedhof erinnert in einigen Zügen an die „Rede des toten Christus vom Weltgebäude herab, dass kein Gott sei" aus Jean Pauls Roman „Siebenkäs" (1796). Über die wenigen Andeutungen hinaus kann ich hier keine qualifizierte Deutung der Rilkeschen CHRISTUS-VISIONEN leisten, sondern nur hinweisen auf die poetologisch wie theologisch interessante, intensive Interpretation von Norbert Stapper in Fischer, S. 135-159.

[36] Zit. n. Ludwig Wenzler bei Fischer, S. 471 (siehe übernächste Anm.).

beides zusammen - das kennzeichnet das Rilkesche Œuvre als religiöse Poesie am Rande des Christentums. So sind Rilkes Gedichte mehr als Jugendstildekor in gereimten Entzückungen.[37]

...und dann und wann ein weißer Elefant...

[6] Rilkes Verständnis von »Gott«

Nun dürfte es dringend an der Zeit sein, Rilkes Gottesverständnis wenigstens etwas genauer zu betrachten.[38] Dabei hebe ich vier Gedankenkreise hervor:

◦ **Du bist der Werdendste, der wird:** Zunächst ist bemerkenswert, dass Rilke durch seine Kritik am Christentum hindurch an der Beziehung zu Gott festhält. Es ist eine ganz und gar personale Beziehung, wie sie besonders deutlich wird an einem **Gebet** genannten Gedicht, das ich nur in den WORPSWEDER TAGEBÜCHERN unter dem Datum des 4. Oktober 1900 gefunden habe, das also in Westerwede am Fuße des Weyerbergs geschrieben wurde, als die Beziehungen im Freundeskreis der Künstler um Heinrich Vogeler noch intakt gewesen sein dürften (FT, S. 294):

Ich sprach von Dir als von dem sehr Verwandten,
zu dem mein Leben hundert Wege weiß,
ich nannte Dich: den alle Kinder kannten,
den alle Saiten überspannten,
für den ich dunkel bin und leis.

Ich nannte Dich den Nächsten meiner Nächte
und meiner Abende Verschwiegenheit, -
und Du bist der, in dem ich nicht geirrt,
den ich betrat wie ein gewohntes Haus.
Jetzt geht dein Wachsen über mich hinaus:
Du bist der Werdendste, der wird.

---

[37] Dass die Rilkesche »Mythopoiesis« gerade in der Umkehrung doch - mehr als der Dichter selbst und vor allem einige seiner Deuter meinen - ganz von den Gehalten des christlichen Glaubens zehrt, stellt am Beispiel der DUINESER ELEGIEN eindrucksvoll heraus der mit 101 Jahren verstorbene bedeutende Heidelberger Philosoph Hans-Georg Gadamer: Mythopoietische Umkehrung in Rilkes Duineser Elegien, in: ders., Gesammelte Werke IX, Tübingen 1993, S. 289-305 (in den GW IX finden sich auch die Beiträge „Rainer Maria Rilkes Deutung des Daseins“ (S. 271-281) und „Rainer Maria Rilke nach fünfzig Jahren“ (S. 306-319).

[38] Dabei folge ich dem religionsphilosophisch-phänomenologischen Ansatz bei Ludwig Wenzler: Rilkes Wege mit »Gott« - religionsphilosophisch betrachtet, in Fischer, S. 439-471.

Beim ersten Lesen hat mich diese Unmittelbarkeit, diese Vertrautheit irritiert. Doch gibt es jüdische Gebete wie das große »Dudele«, die diese Vertrautheit weit überbieten, ganz abgesehen davon, dass Jesus uns gelehrt hat, »Abba, lieber Vater« zu sagen, also auch das Grundgebet »Vater unser…« mit den Worten zu beginnen, die in vertraulicher, familiärer Runde gesprochen werden. Rilke wahrt durchaus Distanz, denn nur in diesem Gedicht finde ich das „Du“ groß geschrieben. Das dürfte mehr sein als der Respekt, den er in Kindertagen Gott gegenüber hatte. Auf diese Kindertage, ja auf die gesamte bisherige Vergangenheit seiner Gottesbeziehung blickt der Dichter zurück. Doch fern aller rabiaten Kritik ist Gott ihm so nahe wie der Dichter sich selbst, ja noch näher, um es mit einem alten Wort auszudrücken: noch »innerster«. In den Nächten, wenn nur das eigene Herzklopfen zu hören ist. In der **Abende Verschwiegenheit**, in der sonst niemand spricht. Als der, **in dem** der Dichter sich **nicht geirrt** hat, der ihm also das bzw. der Gewisseste und eine stets offene Zufluchtstätte, ein stets zugängliches Zuhause war: …**den ich betrat wie ein gewohntes Haus**. Dabei darf ich mich durchaus der Sprache der Psalmen erinnern, in denen Gott Fels, Burg, Haus ist (z. B. Psalm 19; 23; 31; 62; 91; 144).

Doch der Dichter weiß um mehr als um das Alte, Feste: das ihm Gewisseste lässt ihn nach vorne blicken, auf neue Erfahrungen und Einsichten aus sein. Gott - ich sage einmal mit Paul Tillich: »das Sein selbst« - ist Energie, Dynamik, Kreativität: der Name für die Erfahrung des Überschreitens des Möglichen zum Wirklichen hin, Potentialität, die sich ständig in Aktualität verwandelt. Schon bei Aristoteles ist in der Gottes-Idee die Transformation von Potentialität zur Aktualität mitgedacht: »Sein« ist die Kraft, die die Möglichkeit zur Wirklichkeit werden lässt. Auch zwei der neun korrekten Übersetzungen des Gottes-Namens JHWH in Exodus 3,14 müssen lauten: »Ich bin, der ich sein werde. Ich werde sein, der ich sein werde.« Gott ist der Name für die fundamentale und elementare Wirk- und Werdekraft, der sich Welt und Leben verdanken. Gott wird in der Bibel nicht von einer fest bestimmbaren Seinssubstanz her gedacht, sondern von den Beziehungen zwischen allem Seienden. Darum kann Gott als der Lebendige nur ein Werdender sein - daran erinnert mich Rilke. Mag es auch etwas seltsam klingen, dieser Dichter hat den Kern der biblischen wie auch der antiken philosophischen Gottesvorstellung präzise getroffen: **Du bist der Werdendste, der wird.**

Dessen **Wachsen** geht allemal **über mich hinaus**, wie es in der Zeile davor heißt. Denn es ist das Werden und Wachsen des Ganzen. Dieses aber wird wirklich erkannt nicht von den ununterscheidbaren Vielen, sondern von den kenntlichen **vielen Einzelnen**. Nicht zuletzt darum das „Ich - Du"! Wobei, wie Rilke aus einem Gespräch mit einem Gottesbestreiter ebenfalls unter dem 4. Oktober 1900 notiert, Gott noch in dem Sinn der **Werdendste** ist, dass Gott selbst noch wird, also noch gar nicht ausgereift, mit sich selbst, wenn ich denn so formulieren darf, fertig und am Ende ist! Der Mensch hat bisher Gott als den ein für allemal **Fertigen** verstehen wollen: **Gott ist.** Damit verliert Gott immer mehr an Bedeutung, wird an den Rand gedrängt, in Begriffe wie in Kirchenmauern eingesperrt, damit sind Widersprüche gleichsam vorprogrammiert, darin stirbt Gott - und dabei geht der Mensch zugrunde: an dem konventionellen Gebet, an dem konventionellen Christusglauben, dem Gott nur der Nahe und Bekannte ist statt der Fremde und Unbekannte, weil der Werdende zu dem hin, das wir noch gar nicht kennen können, von dem das einfache und ein für allemal gesprochene „Ich bin" zwar das Vorausgesetzte, darin zugleich aber etwas Vorläufiges ist (S. 194):

Du darfst nicht warten, bis Gott zu dir geht
und sagt: Ich bin.
Ein Gott, der seine Stärke eingesteht,
hat keinen Sinn.
Da musst du wissen, dass dich Gott durchweht
seit Anbeginn,
und wenn dein Herz dir glüht und nichts verrät,
dann schafft er drin.

Genauer betrachtet, ist Rilke näher dran an Luther, als er gewusst haben wird und wir zunächst vermuten. Denn der Reformator hat den Glauben statt als Sein als Werden bezeichnet. Da der Glauben als Werk des Hl. Geistes aus Gott kommt, ist Gott in diesem Werden und selbst im Werden. Seiner großartigen Deutung der Theologie Karl Barths hat Eberhard Jüngel den treffenden Titel gegeben: „Gottes Sein ist im Werden".[39] Das klingt dann bei Rilke selbst-

[39] Siehe Eberhard Jüngel: Gottes Sein ist im Werden. Verantwortliche Rede vom Sein Gottes bei Karl Barth, Tübingen 1972. Unter diesen Titel ließe sich beinahe die gesamte Theologiegeschichte nach 1945 stellen, namentlich im Blick auf die theologischen Entwürfe von Jürgen Moltmann, Wolfhart Pannenberg, Friedrich Mildenberger, Gerhard Sauter. - Bei krassen Unterschieden in Ansatz und Aussage passt auch dieser Buchtitel zu Rilke: Eberhard Jüngel: Gott als Geheimnis der

redend wieder anders, dichterisch: Nun sei es dringend an der Zeit, das Wachsen und Reifen Gottes nachzuholen: **Jetzt muss er sein Werden nachholen. Und wir sind, die ihm dazu helfen.**

Darum muss der Dichter, der darin zu einer Art **Priesteramt** berufen ist, **groß** sein, **um** Gottes **Größe wohlzutun.** In diesem Sinn fährt Rilke gegenüber seinem Westerweder Gesprächspartner, dessen Gott die Natur als solche ist, fort (TF, S. 295): **Und dieses ist mein bester Lebensmut: ...dass ich einfach sein muss, um Gott nicht zu verwirren...** Gewiss, eine Grenzaussage, eine Gratwanderung zwischen Demut und Hochmut. Zugleich ein Beleg dafür, dass Rilke sich Gott hat zur Aufgabe werden lassen, zu dem ihn un-bedingt Angehenden. Jedenfalls in diesen Jahren.

◦ **Wir aber, die wir uns Gott vorgenommen haben, wir können nicht fertig werden:** Für das Dasein Gottes gibt es keine zwingenden Beweise. Nach Immanuel Kant (1724-1804) ist »Existenz« „kein »reales Prädikat«, vielmehr die »Position« oder »Setzung« eines Dinges oder Gegenstandes und folglich die Bedingung dafür, überhaupt Eigenschaften, die in »realen Prädikaten« ausgesagt werden können, zu besitzen."[40] Demnach ist »Existenz« ein logisches Prädikat von Begriffen statt eines von Dingen. Wir können dann von Gott alle traditionellen Eigenschaften (z. B. Allmacht, Allwissen, Allgegenwart) aussagen, aber nicht im Sinne eines Vorhandenseins, das Gott zum bloßen Gegenstand der Welt machte. Also muss Gottes Dasein unbewiesen bleiben, denn der menschliche Verstand kann nur Gegenstände der Welt als existierend erkennen und dieses auch nur a-posteriori (nach der Erfahrung), niemals a-priori (vor aller Erfahrung, mit Ausnahme von Zeit und Raum als Vorstellungsformen der Anschauung). Darum ist Metaphysik unmöglich.

Sie ist Gott gegenüber auch unangemessen, denn Gott kann niemals zur demonstrierbaren Gegenwart gebracht werden. Gottes Gegenwart ist nicht gleichbedeutend mit Offensichtlichkeit und Greifbarkeit, sondern statt einer Eigenschaft neben anderen das Sinnfeld, in dem Welt und Leben bestimmte Eigenschaften zugesprochen werden: die Welt als Schöpfung, der Mitmensch

---

Welt. Zur Begründung der Theologie des Gekreuzigten im Streit zwischen Theismus und Atheismus, Tübingen 1977. - Vgl. Anm. 37+38.

[40] So in Aufnahme von Immanuel Kant: Kritik der reinen Vernunft B 626 / A 599, Hartmut von Sass: Warum Gott nicht existiert. Eine theologische Besinnung, NZSystTh 56. Jg. (Heft 3 / 2014), S. 348-367 (Zitat: S. 354)

als Nächster, die Person als von dem angesprochen, was ihr vorausliegt, was sie charakterisiert und über sie hinaus ist. Insofern gibt es nach Kant sehr wohl vernünftige Gründe, Erfahrungen als solche im Horizont Gottes zu deuten, z. B. die unmittelbaren moralischen Verpflichtungen, mit der die Würde des Menschen gesetzt ist, das Gegebensein von Welt und Leben unabhängig vom Menschen und die »Ewigkeit« als letzter Horizont für Zeitlichkeit und Gerechtigkeit, die Welt und Leben Bedeutsamkeit verleiht und garantiert. In diesem Sinn ist »Gott« dann der Inbegriff (Name) für das Erschaffen, Erhalten und Erlösen. Das so verstandene ›Sein‹ Gottes ist dann wirkendes Wesen.[41] Dem entspricht Rilke, wenn er Gott statt als den „Handelnden", der als Akteur ständig in das Geschehen eingreift, versteht als den auf dem Grund von Welt und Leben „Wirksamen", ohne den nichts Wirkliches, Geschehendes erfahren, gedacht und gedeutet werden kann, der sich die Dinge machen lässt.[42]

So übertrieben es wäre, Rilke als Kantianer zu bezeichnen, trägt er doch dieses metaphysik- und theismus-kritische Denken in sich. Aber nicht um Gott für tot zu erklären, sondern die Gegenwart der unverfügbaren Wahrheit und des unauslotbaren Geheimnisses von Welt und Leben sein zu lassen! Rilke weiß offenbar: Keineswegs ist Gott schon aus der Welt, wenn Menschen den Tod Gottes proklamieren. Auch diese Behauptung wäre ein Zuviel an Wissen. Es ist nämlich Rilkes größte Sorge und sein unbedingtes Anliegen, dass das vermeintliche metaphysische wie das vermeintliche anti-metaphysische Wissen die wahre Wirklichkeit Gottes verdeckt, nach der es nur ein Sehnen geben kann, eine Beziehung, die ihren Charakter als notwendigerweise ständige Suchbewegung, die Rilke **Sehnsucht** nennen kann, verliert, wenn Gott bewiesen werden soll wie philosophische Thesen, logische Operationen und den Gesetzen der Plausibilität unterworfene moralische Normen oder gar von Gott selbst verlangt wird, sich zu beweisen. Denn so wenig wir unwissend von Gott sind, so sehr vernichtet unser Wissen Gott!

---

[41] Dieses ist ein relations-ontologischer Ansatz, der »Gott« als Kraft-, Wirk- und Sinnfeld aller Welt- und Lebensbeziehungen versteht. Schon im substanz-ontologischen Ansatz z. B. der mittelalterlichen Theologie galt die ›existentia Dei‹ als strikt identisch mit der ›essentia Dei‹. Mit anderen Worten: In der gesamten christlichen theologischen Tradition wurde »Gott« immer schon als die grundlegende und umfassende Wirk- und Werdekraft verstanden. Gottes Sein ist also (im) Wirken und deshalb (im) Werden!

[42] Vgl. Otto Betz, S. 127f., wo er Teilhard de Chardin zitiert: „Gott macht, dass sich die Dinge machen." Die Rede vom *wirksamen* statt vom *handelnden* Gott steht Schleiermacher nahe.

Gäbe es Götter, wir könnten es nie erfahren; denn dass wir um sie wissen, genügt, sie zu vernichten. (TF, S. 49) Sehnsucht nach Gott kann nämlich zu Wunschdenken und Festlegungen führen, die selbst bei den ehrlich Suchenden anzutreffen sind (S. 265):

ALLE, welche dich suchen, versuchen dich.
Und die, so dich finden, binden dich
an Bild und Gebärde.

Wirklicher Sehnsucht aber stellt sich das Ersehnte erst ein, statt schon vorweg modelliert werden zu können. Nicht die Sehnsucht schafft sich das Ersehnte, sondern das real durchaus noch unbekannte Ersehnte ist Ursache und Antriebskraft für die Sehnsucht. Präsenz wird stark, indem sie gesucht wird - wie ein Bild, das zunächst nur einen leeren Raum darzustellen scheint oder einfarbig ist, eine Suchbewegung auslöst und plötzlich mehr erkennen lässt, als vor Augen ist, weil es Erinnerung und Erwartung weckt, weil in Phantasie und Vision das, was mehr als alles ist, imaginiert werden kann sowohl als das Allerinnerste und Allereigenste als auch als das Alleräußerste und Allerfremdeste, als das erfahrbar Unerfahrbare, als das Nahsein im Fernsein und das Fernsein im Nahsein, als das Fernnahe schlechthin. Präsenz, in der solche Sehnsucht wohnt und deren Quelle das Ersehnte ist, kann also nur zur Zukunft hin offen sein, bis ins Unendliche. Für dieses Unendliche steht Gott, sodass das Sehnen nach Gott sofort abgetötet wäre, gäbe es sich als etwas immer schon Bestimmtes, längst Vorentschiedenes und Vorgewusstes, in der allgemeinsten Weise als Gegenseitiges und Tauschbares aus.

Dieser Grundsatz führt Rilke bis in diejenige Konsequenz hinein, dass er in seiner nie gehaltenen, nur einmal dem Gesprächspartner Jean Rudolf von Salis (1901 bis 1996) im Château du Muzot 1924 vorgelesenen, bereits 1913 in Paris entworfenen Rede ÜBER DIE GEGENLIEBE GOTTES einen von Spinoza übernommenen Grundsatz entfaltet: »Wer Gott liebt, kann nicht danach streben, dass Gott ihn widerliebt«. Liebe ist eben kein erhandelbares Tauschobjekt auf Gegenseitigkeit, sondern muss als Gabe ohne Gegengabe bestehen können - darum ist (in) Gott vollendete Liebe. In diesem Sinn betet der Pilger (S. 285):

Falle nicht, Gott, aus deinem Gleichgewicht.
Auch der dich liebt und der dein Angesicht
erkennt im Dunkel, wenn er wie ein Licht
in deinem Atem schwankt, - besitzt dich nicht.

Und wenn dich einer in der Nacht erfasst,
sodass du kommen musst in sein Gebet:
Du bist der Gast,
der wieder geht.

Darum kann es im Blick auf Gott weder ein Festhalten noch einen Besitz noch Beweise, umso mehr aber hoffnungsvolle Verweise, ja Atmosphären geben: ein **Wehn in Gott.** Der Dichter will auch keine Beweise (S. 265f):

Ich will von dir keine Eitelkeit,
die dich beweist.
Ich weiß, dass die Zeit
anders heißt
als du.
Tu mir kein Wunder zulieb.
Gib deinen Gesetzen recht,
die von Geschlecht und Geschlecht
sichtbarer sind.

Also ist Gott in Zeit und Raum niemals auszudenken, ja Gott ist grundsätzlich **nicht fertig,** vielmehr allemal **sichtbarer** werdend **von Geschlecht zu Geschlecht,** insofern immer weiter reifend:

Ich aber will dich begreifen
wie dich die Erde begreift;
mit meinem Reifen
reift
dein Reich.

Statt um einen Fortschrittsoptimismus, der Ideologie des 19. und 20. Jahrhunderts, geht es Rilke um einen um Gottes und der Menschen willen unaufhörlichen Werdevorgang. Zumal der Dichter sich nicht Gottes bemächtigen, sondern die Macht Gottes in sich selbst entdecken will. Daran wird klar, warum Rilke formuliert: **...wir können nicht fertig werden, die wir uns Gott vorgenommen haben.**

Diesen Satz jedoch habe ich jetzt absichtlich umgedreht. Denn die Unfertigkeit und Unabgeschlossenheit unseres menschliches Gottesbildes haben ihren Grund sowohl in der Unausdeutbarkeit des Geheimnisses von Welt und Leben als auch in der Vernetztheit, dem verbundenen Gegenüber Gottes mit den Menschen. Schon die Frommen im alten Israel fragten, warum Gott sie sterben ließe, wenn dann doch niemand mehr da sei, das Lob Gottes zu singen (Psalm 6,6; 115,17f; Jesaja 38,18: »Gebet des Hiskia«)! Nur Menschen kennen den Namen Gott, dieses, noch einmal, Grundwort ihrer Sprache. Wo käme dieser Name vor, wenn nicht in der menschlichen Sprache? Rilke stellt diese Frage so, freilich einmal mehr jenseits herkömmlicher theologischer Ausdrucksweise (S. 221f):

> **WAS wirst du tun, Gott, wenn ich sterbe?**
> **Ich bin dein Krug (wenn ich zerscherbe?)**
> **Ich bin dein Trank (wenn ich verderbe?)**
> **Bin dein Gewand und dein Gewerbe,**
> **mit mir verlierst du deinen Sinn.**
>
> **Nach mir hast du kein Haus, darin**
> **dich Worte, nah und warm, begrüßen.**
> **...**
> **Was wirst du tun, Gott? Ich bin bange.**

Wenn ich nun diesen unaufhörlichen Werdevorgang in engem Zusammenhang mit dem verbundenen Gegenüber, dem Verschränktsein von Gott und Mensch in den Blick nehme, bin ich sowohl bei der Religion als auch bei der Kunst. Da aus Rilkes Sicht die institutionalisierte Religion Gott nur als **uralten Turm** kennt und ihn weder **Falke** noch **Sturm** noch **großer Gesang** sein lässt, weil sie Gott in feste **Bildern und Gebärden** domestiziert, statt ihn **Gast** sein zu lassen, bleibt nur die Kunst, die berufen ist, Gott gleichsam **neu zu bauen**. Denn die Kunst ist per se Hervorbringen, Kreativität und Kreation. Gott sei das **älteste Kunstwerk**, wenngleich bisher **schlecht ausgeführt** (TF, S. 53). Wie die Mystiker spricht Rilke vom Geborenwerden Gottes im Künstler. Ist es nach Meister Eckhart der Mystiker, in den Gott sich „einbildet“, so bildet sich Gott auch im Künstler ein - und schafft in der ›Werkstatt‹ des Herzens des Künstlers, wo ihn der Künstler **überraschen** darf. In seinem Essay ÜBER KUNST (1898) schreibt Rilke:

> **Die anderen haben Gott hinter sich wie eine Erinnerung. Dem Schaffenden ist Gott die letzte, tiefste Erfüllung. Und wenn die Frommen sagen: »Er ist«, und die Traurigen fühlen: »Er war«, so lächelt der Künstler: »Er wird sein«. Und sein Glauben ist mehr als Glauben; denn er selbst baut an diesem Gott.**[43]

---

[43] Zit. n. Wenzler in Fischer, S. 452.

So wirkt der Künstler an Gottes Werden und Kommen mit, indem er, in den Gott sich eingebildet hat (**...dann schafft er drin...**), im überraschenden Kunstwerk Gott gleichsam ausbildet. Darum ist, nach Rilke, die Kunst **ein Orden**.

Dann aber passt Gott, wie jetzt mehrfach angedeutet, in kein **Bild**, keine **Gebärde**. Die Wirklichkeit Gottes ist unerschöpflich und unaussagbar, grenzenlos. Von daher werden Rilkes Metaphernkaskaden verständlich. Mit Karl-Josef Kuschel, dem Tübinger röm.-kath. Theologen, dem wir sehr viel für den Dialog Literatur - Theologie verdanken, bin ich der Meinung, dass die maßlose Bilderfülle bei Rilke Zeugnis davon gibt, „dass Gott letztlich in kein Bild passt, von keinem Wort begrenzt werden kann, von keinem Vergleich erfasst. Gott ist das vibrierende Leben selbst, die Unruhe in aller Ruhe und die Ruhe in aller Unruhe, das Dröhnen im Schweigen und das Schweigen im Dröhnen. Gott - das kann Rilke literarisch zeigen - ist das Ganze dieser tausendfältigen, vielfacettigen, das Höchste wie das Niedrigste zugleich umfassenden Wirklichkeit. Gott ist nicht ‚jenseits aller Dinge', ist nicht ‚draußen' und ‚droben', sondern in allen Dingen, im Herzen der Wirklichkeit, Seele der Welt (S. 212):

ICH finde dich in allen diesen Dingen,
denen ich gut und wie ein Bruder bin;
als Samen sonnst du dich in den geringen
und in den großen gibst du groß dich hin.

Das ist das wundersame Spiel der Kräfte,
dass sie so dienend durch die Dinge gehn:
in Wurzeln wachsend, schwindend in die Schäfte
und in den Wipfeln wie ein Auferstehn.

Anders gesagt: Die Fülle der Worte für Gott ist nicht Ausdruck einer Hybris, sondern im Gegenteil einer letzten Sprachohnmacht; der überquellende Reichtum der Metaphern ist Indikator einer letzten Unsagbarkeit Gottes."[44]

Beides gilt: Das überaus selbstbewusste **Mit mir verlierst du deinen Sinn** wie das demütige, an Sören Kierkegaards »Furcht und Zittern« erinnernde **Wir bauen an Gott mit zitternden Händen**. Der Künstler als Gott-Gebärer ist bei Rilke keineswegs der Gott-Erzeuger. Rilke ist kein Adept Ludwig Feuerbachs

[44] So Kuschel, S. 73. Übrigens hat Dietrich Bonhoeffer von Gott als vom Jenseitigen mitten im Diesseitigen gesprochen, ebenso davon, nur aus dem Unmöglichen heraus könne die Welt gerettet werden.

(1804 bis 1872), der Gott nur als den an den Himmel gespiegelten Menschen verstehen - und abschaffen will. Nicht die Kunst schafft Gott, schon gar nicht als Projektion einer menschlichen Illusion, sondern Gott lässt sich durch die Kunst so **schaffen**, dass der Künstler hervorbringt: hörbar und sichtbar macht, was als Grund des Seins wirkt - wie der Atmende von der Luft lebt, die er atmend vernehmbar macht: der Atemvorgang lässt zwingend auf die Luft schließen. Die Kunst also, **an Gott bauend**, macht sichtbar, was immer schon gegenwärtig und wirksam ist. So bedeutet das **Mit mir verlierst du deinen Sinn** keineswegs „mit mir verlierst du deine Existenz oder deine Daseinsberechtigung", sondern dass der Eigensinn Gottes ohne Spiegelung im und durch den Menschen unerkennbar, unerfahrbar bleibt. Während bei Feuerbach, auch bei Freud Gott eine Spiegelung des Menschen ist, ist bei Rilke der Mensch eine Spiegelung Gottes.

In dieser Spiegelung wirkt ein Gegenzug: die Haltung des Empfangens. Das kann nur geschehen, weil für Rilke nicht der Mensch sich einen Gott macht, zu dem er hinaufblicken und hinaufsteigen kann. Im Gegenteil, der Weg zu Gott ist ein Hinabsteigen - gleichsam zu einem Wasser in der Tiefe eines Berges (S. 1021):

Schwer ist zu Gott der Abstieg. Aber schau:
du mühst dich ab mit deinen leeren Krügen,
und plötzlich ist doch: Kind sein, Mädchen, Frau -
ausreichend, um ihm endlos zu genügen.

Er ist das Wasser: bilde du nur rein
die Schale aus zwei hingewillten Händen,
und kniest du überdies -: Er wird verschwenden
und deiner größten Fassung über sein.

Durch viel Befremdliches hindurch entdecke ich bei Rilke noch Tieferes, Grundlegenderes: etwas von der »coincidentia oppositorum« (Verbindung, Verschränkung, Vereinigung der Gegensätze) von der Cusanus spricht: Sein und Nichtsein, Unendliches und Endliches, Leben und Tod, Transzendenz und Immanenz, Diesseits und Jenseits, Zeit und Ewigkeit, Fülle und Leere, Gott und Mensch, im Geschehen der Liebe die eine Person und die andere Person: wohl unterscheidbar und zu unterschieden, aber nicht wirklich geschieden in je zwei Wirklichkeitsbereiche, die nichts miteinander zu tun haben. Denn die

Gegensätze und Widersprüche, die Ambivalenzen, Aporien und Antinomien bilden ein komplexes Ganzes in verschiedenen Perspektiven, eine beziehungsreiche Einheit.

Diese beziehungsreiche Einheit in Verschränkung der Gegensätze vernehme ich deutlich in Paul Hindemiths SIX CHANSONS. Dieses Chorwerk hat Hindemith kurz nach Ausbruch des 2. Weltkrieges 1939 bewusst nach den in französischer Sprache, der Sprache des „Feindes", von Rilke geschriebenen VERGERS-Gedichten komponiert. Die moderne Lyrik verdankt Rilke ja mehrere ursprünglich in französischer Sprache geschriebene Werke. Insbesondere im dritten, in Hindemiths Komposition letztem Gedicht in diesem Kleinzyklus, den Rilke in Klarheit über seine Krankheit zum Tode 1924/1925 nach Walliser Gartenmotiven verfasst hat, ist die »coincidentia oppositorum« im Spiel: [Obstgarten] **Aber in deiner / Mitte die stille Quelle, fast / eingeschlafen in ihrem alten Rund, / erzählt kaum von diesem Gegensatz, / so sehr er auch in ihr zusammenströmt.**[45]

Sehr treffend schreiben dazu Manfred Engel und Dorothea Lauterbach: „Was diesen Garten auszeichnet, ist das Gleichgewicht und die komplementäre Zuordnung der in ihm wirkenden »forces contraires«...: Schwere und Leichtigkeit, die vitale Bedürfnisse befriedigenden Früchte und die rein ästhetische Schönheit..., sichtbare Erscheinung und unsichtbare Naturkräfte, Endliches und Unendliches (»infinie«), Dauer (»ce qui nous reste«) und Wandel - all das ist schon im Erscheinungsbild des Gartens miteinander vermittelt. Symbolisch konzentriert erscheint diese Komplementarität noch einmal im Brunnen des Gartens, auf dessen ruhigem Wasserspiegel (Schl.: **...in deiner / Mitte die stille Quelle...**) sich Licht und Schatten, Stillstehendes und Fließendes - im übertragenen Sinne: raumzeitlich Begrenztes und Unendliches - harmonisch verbinden. Dieser Brunnen ist kein Naturprojekt, sondern Produkt menschlicher ›agriculture‹ und damit Symbol menschlicher Kulturleistung schlechthin." Darin wird Rilkes Kultur- und Kunstverständnis anschaulich, in kongenialer Weise hörbar gemacht durch Paul Hindemiths erstaunliche Musik!

---

[45] Zit. n. Manfred Engel / Dorothea Lauterbach in RHB, S. 441 (im Rahmen einer sehr einfühlsamen Deutung von Rilkes FRANZÖSISCHEN GEDICHTEN, zu denen die LYRISCHEN OBSTGÄRTEN gehören, sowie seiner Gedichte in Rilkes letzten Jahren von 1922 bis 1926). Die oben in deutscher Übersetzung zitierte Passage lautet im Original: **Mais à ton centre, la calme fontaine, / presque dormant en son ancien rond, / de ce contraste parle à peine, / tant en elle il se confond.**

Im Sinn der »coincidentia oppositorum« stehen Gott und Mensch sich gegenüber - und darin sind sie miteinander verbunden. In diesem verbundenen Gegenüber hat der Mensch ein wissendes Nichtwissen von Gott und sich selbst: Er weiß von Gott und von sich selbst - gerade in der Weise, dass sein Nichtwissen von sich selbst und von Gott allemal größer ist. Insofern wir Menschen, vor allem in der Kunst, leben von dem, was wir erinnern und wonach wir verlangen, baut der Künstler an dem, woran er nie zu Ende bauen kann - und geht bis an der **Sehnsucht Rand: Gott spricht zu jedem nur, eh er ihn macht, / dann geht er schweigend mit ihm aus der Nacht. / Aber die Worte, eh jeder beginnt, / diese wolkigen Worte sind: / Von deinen Sinnen hinausgesandt, / geh bis an deiner Sehnsucht Rand; / gib mir Gewand.** (S. 240) Die letzte Zeile verstehe ich so: Keineswegs erfindet der Mensch - als Künstler - Gott, aber er gibt dem unverfügbaren Grund des Lebens Ausdruck: **Gewand.**

Dabei assoziiere ich Exodus 33,12-23; 34,33-35: Mose, in einer Felskluft stehend, darf der Herrlichkeit Gottes, der Kabod, d. h. der Schwere und dem Glanz Gottes als seiner äußeren Erscheinung, hinterhersehen. Dieser Blick hinterher und die Gabe der Gottesgebote an das Volk lässt Moses Antlitz so erstrahlen, dass er eine Decke auf sein Angesicht legen muss, weil die Herrlichkeit und Helligkeit Gottes, die gleichsam heller strahlt als tausend Sonnen, sonst nicht anschaubar ist. Die Decke, der Umhang, der Mantel dürfen angeschaut werden - mehr nicht, nicht einmal das leuchtende Antlitz des Gotteskünders Mose. Am Ende jedoch macht Gott selbst alle äußeren Spuren des Mose unkenntlich. Anstelle von Glaubenssätzen und Kirchbauten bleibt nur die poetisch verdichtete Erinnerung: das innerste Wissen im Nichtwissen, dass den alten Mose, dessen **Seele** von dem **vielen Gemeinsamen** und der **unzähligen** Gottes-**Freundschaft genug** hat, der noch ältere Gott mit einem **Kusse** hinweggenommen und ihm **mit Händen der Schöpfung** einen eigenen **Berg aufgebettet** und darin begraben und verschlossen hat (DER TOD MOSES, S. 889):[46]

[46] Rilke hat das Gedicht DER TOD MOSES im Jahr 1914 oder 1915 verfasst. Die letzte Strophe bezieht sich auf Deuteronomium 33,27 bis 34,12, bes. 34,6: Gott selbst begräbt Moses an einem Ort, den kein Mensch kennt. Von dem ganzen Gedicht besonders stark beeindruckt, denke ich, es erfordere einen eigenen ausführlichen Exkurs, für den ich mich noch intensiver vor allem mit den beiden ersten, mir schwer verständlichen Strophen beschäftigen müsste. Da ich hierfür noch mehr Zeit brauche, sei der Gedichtanfang von DER TOD MOSES hier wenigstens zitiert (S. 888): „KEINER, der

Also der Herr, mitreißend die Hälfte der Himmel,
drang herab und bettete selber den Berg auf;
legte den Alten. Aus der geordneten Wohnung
rief er die Seele, die, auf! und erzählte
vieles Gemeinsame, eine unzählige Freundschaft.
Aber am Ende wars ihr genug. Dass es genug sei,
gab die vollendete zu. Da beugte der alte
Gott zu dem Alten langsam sein altes
Antlitz. Nahm ihn im Kusse aus ihm
in sein Alter, das ältere. Und mit Händen der Schöpfung
grub er den Berg zu. Dass es nur einer,
ein wiedergeschaffener, sei unter den Bergen der Erde,
Menschen nicht kenntlich.

Dass es nur einer, / ein wiedergeschaffener, sei: Wen meint der Prager Poet damit? Den unbekannten Berg, in dem Mose von Gott eigenhändig begraben ist, wie es der Wortlaut zu verstehen gibt? Oder insgeheim den Künstler, der hinfort an Moses Statt von Gott kündet? Der Künstler, der ebenso mit einem Kusse von dem älteren Alten hinweggenommen und wie einst Mose von ihm selbst begraben sein möchte, ja werden wird?

◦ **Herr, sei nicht gut: sei herrlich:** Die Anders- und Selbstheit Gottes hat für den Künstler eine fundamentale und elementare Bedeutung. Rilke fordert Gott selbst auf, die landläufige Meinung vom „lieben Gott" zu widerlegen. Gott ist kein bloßer Wunscherfüller, kein gefälliges Gottchen. Mehr und anderes als der Nothelfer in kleinen Nöten ist Gott, so fremd, so gewaltig er darin wird:

Herr, sei nicht gut: sei herrlich; widerleg
das Hörensagen, das sie an dir rühmen: ...
Denn so sind wir verkauft an kleine Nöte,
dass alle meinen Jahr um Jahr[,]
wenn einer ihnen beide Hände böte[,]
so wär ein Gott. Du Notnacht voller Röte,
du Feuerschein, du Krieg, du Hunger: töte:
denn du bist unsere Gefahr.[47]

---

finstere nur gefallene Engel / wollte; nahm Waffen, trat tödlich / den Gebotenen an. Aber schon wieder / klirrte er hin rückwärts, aufwärts, / schrie in den Himmel: Ich kann nicht! // Denn gelassen durch die dickichte Braue / hatte ihn Moses gewahrt und weitergeschrieben: / Worte des Segens und den unendlichen Namen. / Und sein Auge war rein bis zum Grunde der Kräfte. // Also der Herr... (weiter siehe oben im Text, in DIE GEDICHTE beginnt die 3. Strophe mit einer Einrückung).

[47] Zit. n. Wenzler in Fischer, S. 461.

Gemeinhin haben Menschen ein zu geringes Bild von Gott, vor allem wenn sie ihn nur zur Linderung ihrer Not gleichsam benutzen oder in ein Schema des ›do ut des‹ einspannen wollen. Das ist kein Gebet mehr, soll mit ihm Gott instrumentalisiert werden! Das empfindet Rilke als so widerlich an der tradierten christlichen Rede vom Kreuz Jesu: Es wird verzweckt, wenn es als Instrument der Sündenvergebung dauernd so gelehrt und gehandhabt wird, vor allem als Satisfaktionslehre: anstelle des Menschen, der in der Sünde lebend dieses nicht leisten kann, gibt Jesus durch seinen Tod Gott, was dieser zur Herstellung seiner durch die Sünde verletzten Ehre braucht. Der ist kein Gott, der durch ein Menschenopfer seine Ehre wiederhergestellt sehen möchte. Ein solcher Gott wäre alles andere als das Geheimnis von Welt und Leben, wie dunkel dieses Geheimnis auch wäre. Und wie der Glaube aufhört, wenn der Zwang zum Glauben beginnt, wird er zum Unglauben des normalen kirchlichen Lebens, wenn die Frömmigkeit, die dann Gotteslästerung ist, auf Gott Druck auszuüben und ein Geschäft auf Gegenseitigkeit auszuhandeln versucht.

In seinen Gedichten zum Themenkreis Passion (z. B. KREUZIGUNG, S. 527) gelingt es Rilke, die Tragik und Dramatik des Geschehens zur Sprache zu bringen, aber er lehnt jedes deutende, weil vereinnahmende „um willen" ab. Auch der „verlorene Sohn", spürt die Folgen seines Weggangs aus seinem Vaterhaus und von seinem Erbe als existentiellen Tiefenschmerz, aber er bleibt ein Fragender, Suchender, dem selbst am bitteren Ende die Bitte um Rückkehr und Wiederaufnahme in keiner Weise über die Lippen kommt (S. 438):

Dies alles auf sich nehmen und vergebens
vielleicht Gehaltnes fallen lassen, um
allein zu sterben, wissend nicht warum -
Ist das der Eingang eines neuen Lebens?

Eines der beeindruckendsten Rilke-Gedichte ist für mich JEREMIA: eine einzige Klage gegen Gott. Doch der geplagte und gequälte Prophet will am Ende keine Lösung oder Rettung, sondern nur dieses (S. 514): **...dann will ich in den Trümmerhaufen / endlich meine Stimme wiederhören, / die von Anfang an ein Heulen war.**

Es „lohnt" sich, das ganze Gedicht zu lesen. Rilke interpretiert die Prophetengestalt Jeremia, dessen dramatisches Leben die Dramatik der aktuellen Geschichte seines Volkes wiederspiegelt, ganz von Jeremia 20,7-11 her: Gott hat schon den jungen Mann Jeremia in einer Weise im Griff, dass er zum Gespött und zum Gewaltobjekt der Leute wird, die ihn wegen seiner sich später in der Zerstörung des Tempels und der Exilierung der Jerusalemer Bevölkerung im Jahr 586/587 v. Chr. bewahrheitenden Unheilsankündigung den »Schrecken Gottes« schimpfen. Darum verflucht Jeremia seine Geburt (S. 513; mit Einrückung am Beginn der 4. Strophe):[48]

EINMAL war ich weich wie früher Weizen,
doch, du Rasender, du hast vermocht,
mir das hingehaltne Herz zu reizen,
dass es jetzt wie eines Löwen kocht.

Welchen Mund hast du mir zugemutet,
damals, da ich fast ein Knabe war:
eine Wunde wurde er: nun blutet
aus ihm Unglücksjahr um Unglücksjahr.

Täglich tönte ich von neuen Nöten,
die du, Unersättlicher, ersannst,
und sie konnten mir den Mund nicht töten;
sieh du zu, wie du ihn stillen kannst,

wenn, die wir zerstoßen und zerstören,
erst verloren sind und fernverlaufen
und vergangen sind in der Gefahr:
denn dann will ich in den Trümmerhaufen
endlich meine Stimme wiederhören,
die von Anfang ein Heulen war.

Der Mund als Wunde, weil Jeremia sagen musste, was er nicht sagen wollte und damit Wunden hinzufügte - Wunden, die zur Heilung hätten führen können, wären sie ernstgenommen worden, wäre Gott nicht für übermütiges Machtgehabe in Anspruch genommen worden, seine Andersheit und Fremdheit und seinen Eigensinn missachtend. Kann Derartiges auch dem Künstler widerfahren? Der Prediger, der seinen Auftrag ernstnimmt, muss damit rechnen. Rilke jedenfalls sucht mit Gott keine Kompromisse, die er in der aus sei-

[48] Siehe dazu die Predigt zu Jeremia 20,7-11 in Hans Joachim Schliep: Mehr als meine Augen sehen - Kronsberger Predigten 2, Saarbrücken 2013, S. 24-27.

ner Sicht nur scheinbar frommen Inanspruchnahme von Heilsgewissheit erkennen zu müssen meint und ablehnen muss.

Selbst den ins Reich des Todes hinabgestiegenen Christus lässt Rilke keine Erwartung auf neues Leben (Auferstehung) aussprechen (CHRISTI HÖLLENFAHRT, S. 843f): **...eilte hinab, schwand, schien und verging in den Stürzen / wilderer Tiefen. Plötzlich (höher höher) über der Mitte / aufschäumender Schreie, auf dem langen / Turm seines Duldens trat er hervor: ohne Atem, / stand, ohne Geländer, Eigentümer der Schmerzen. Schwieg.**

Für den Glauben wie für die Liebe kann nur eines gelten: die Freiheit, die nichts will, obwohl sie alles erhofft. Darum gilt es nach Rilke zu akzeptieren: Zur Göttlichkeit Gottes gehört die helle wie die dunkle Seite, die Macht über das Leben und über den Tod. Es gibt für Rilke keinen Grund, dem Leben zu misstrauen, wie er 1904 schreibt in einem BRIEF AN EINEN JUNGEN DICHTER,[49] dem er um seines Künstlerseins und -werdens willen rät, Gott in sich zuzulassen und zu vertrauen. Doch was Leben ist, wird erst am Tod erahnbar. Sein allezeit möglicher Verlust macht das Leben kostbar. Die Gefahr, der Schrecken gehören zur Ganzheit von Welt und Leben, also sind sie eine Seite Gottes.

Rilke geht so weit zu fragen, ob nicht das Schreckliche das in besonderer Weise unserer Hilfe Bedürftige sei: Das Schreckliche als Ruf nach Rettung! Er plädiert keinesfalls dafür, sich leichtfertig und absichtlich Gefahren auszusetzen. Nur das nicht! Zu Taten kommt es aber nur beim Versuch, das Leben vor der Gefahr zu retten - infolgedessen muss, wer das Leben lieben will, gleichfalls die Gefahr annehmen, ja wollen. Im Blick auf die Todesgefahr bleibt nur, bleibt immerhin die Bitte (S. 293):

> **O HERR, gib jedem seinen eignen Tod**
> **Das Sterben, das aus jenem Leben geht,**
> **darin er Liebe hatte, Sinn und Not.**
>
> **DENN wir sind nur die Schale und das Blatt.**
> **Der große Tod, den jeder in sich hat,**
> **das ist die Frucht, um die sich alles dreht.**

Dieser große Tod selbst, vielleicht weil er sich gleichfalls als Teil des Lebens weiß, dessen Lust und Schönheit kennt, weint, **mitten in uns.** Doch erst dann,

[49] Siehe Wenzler in Fischer, S. 460.

wenn wir ihn Teil unseres Lebens sein lassen und dieses so gegebene Leben miteinander teilen, uns mitten im Leben meinen (S. 423):

> DER Tod ist groß.
> Wir sind die Seinen
> lachenden Munds.
> Wenn wir uns mitten im Leben meinen,
> wagt er zu weinen
> mitten in uns.

Demnach gilt es Rilke zufolge, das Schöne und das Schreckliche, die Bewahrung und den Untergang in Gott hinein zu verlegen. Wenn wir nur das Gute aus Gottes Hand nehmen, aus wessen Hand nehmen wir dann, sofern dieses nicht vom Menschen gemacht ist, das Gegenteil? Das ist Kern biblischen Glaubens, vor allem im Judentum: Nichts, auch keine Not und kein Tod stehen außerhalb von Gott. Und zumal im Blick auf das Gegenteil des Guten können wir am Ende unserer Handlungsmacht eine Verwandlung ins Herrliche hinein doch nur von Gott erwarten. Anders blieben wir gefangen in Bosheit, Niedertracht und Hass statt Liebe. In aller Klarheit und Härte, geradezu übertrieben und unbarmherzig, dramatisierend und expressionistisch schreibt Rilke wohl zwischen 1912 und 1919:

> Erst wenn wir wieder unsern Untergang
> in dich verlegen, nicht nur die Bewahrung,
> wird alles dein sein: Einsamkeit und Paarung,
> die Niederlage und der Überschwang.
> Damit entstehe, was du endlich stillst,
> musst du uns überfallen und zerfetzen;
> denn nichts vermag so völlig zu verletzen
> wie du uns brauchst, wenn du uns retten willst.[50]

Diese Aussage hebt die andere nicht auf, dass es Aufgabe des Menschen bleibt, dem Menschenfeindlichen nach Kräften entgegenzutreten. Im Schreck-

---

[50] Zit. n. Wenzler in Fischer, S. 462. Dieses Gedicht ist zu unterscheiden von Rilkes Kriegsbegeisterung (FÜNF GESÄNGE: S. 872-879), die nur kurze Zeit über den 1. August 2014 hinausreichte und dann erlosch zugunsten unbedingter Friedenspolitik im europäischen Zusammenhang. In dieser Hinsicht war der nach innen gekehrte, ganz seinem Künstlertum sich widmende Rilke keineswegs unpolitisch, sondern hat das Kriegsende und die Revolution 1918 (Münchener Räterepublik) sowie Ideen wie den Völkerbund und eine gesamteuropäische Friedenspolitik ausdrücklich gutgeheißen. Nicht nur aus Gesundheitsgründen, sondern weil er in Deutschland auch nationalistischen Anfeindungen ausgesetzt war, ist er 1919 in die Schweiz gegangen, wo er mit Hilfe eines Mäzens im Sommer 1921 im Château de Muzot, einem kleinen Schloss oberhalb von Siders im Kanton Wallis, seinen letzten (ausnahmsweise ständigen) Wohnort fand.

lichen, auch wenn es zu Gott gehört und dieser durch das Furchtbare hindurch retten soll, erklingt nach wie vor der Ruf an den Menschen nach Rettung - nach dem Maß des Menschenmöglichen, aber in letztem Ernst und niemals nachlassender Anstrengung.

Auch die Anders- und Selbstheit Gottes wird in der Kunst sichtbar, weil der Künstler an ihr mitbaut, Gott reifen lässt, gerade wenn von ihm gilt (S. 237):

Ich weiß, dass ich ein Sucher bin.

Ein **Sucher** zu sein, mehr noch: zu bleiben, selbst das vermag der Künstler nur, wenn er des eigenen Werdens und Reifens Gottes ansichtig wird und anerkennt, wie sehr die Kunst nicht nach Gutdünken verfahren kann, sondern stets vom grundlegend Gegebenen, Vorausgesetzten aus dem Eigenen Gottes heraus lebt (S. 208):

> **DARAUS, dass Einer dich einmal gewollt hat,**
> **weiß ich, dass wir dich wollen dürfen.**
> **Wenn wir auch alle Tiefen verwürfen:**
> **wenn ein Gebirge Gold hat**
> **und keiner mehr es ergraben mag,**
> **trägt es einmal der Fluss zutag,**
> **der in die Stille der Steine greift,**
> **der vollen.**
>
> **Auch wenn wir nicht wollen:**
> **Gott reift.**

Dieses **Reifen** ist unendlich. Es gibt dafür mehr als ein Wort, mehr als hundert Namen - und ein Name, ein Wort kann **Schweigsamkeit** sein (S. 229):

> **Du bist der Tiefste, welcher ragte,**
> **der Taucher und der Türme Neid.**
> **Du bist der Sanfte, der sich sagte,**
> **und doch: wenn dich ein Feiger fragte,**
> **so schwelgtest du in Schweigsamkeit.**

◦ **Du bist der Dinge tiefer Inbegriff**: An dieser Stelle nehme ich den Gedankenfaden des vorletzten Abschnitts noch einmal auf. Gott ist für Rilke „das Transzendente schlechthin, dargestellt in Bildern der Dunkelheit, des Schweigens, der Tiefe in der Tradition der mystischen Metaphorik“ (Pagni, S. 38). Als dieses Transzendente ist Gott das Immanenteste - und umgekehrt, das Größte schlechthin und das Kleinste schlechthin, ganz im Sinne der oben kurz dargestellten »coincidentia oppositorum« des Cusanus. Darin ist Gott eine unendliche schöpferische Kraft, die Quelle der Inspiration, die sich in tausend Namen entfaltet und doch den letzten, verborgenen Namen niemals aussprechen kann. Im STUNDEN-BUCH - ZWEITES BUCH: VON DER PILGERSCHAFT (1901) lässt Rilke den pilgernden Mönch zu und von Gott sprechen - und ich meine daraus, des Dichters eigene Stimme hören zu sollen (S. 272f):

> **DU bist die Zukunft, großes Morgenrot**
> **über den Ebenen der Ewigkeit.**
> **Du bist der Hahnschrei nach der Nacht der Zeit,**
> **der Tau, die Morgenmette und die Maid,**
> **der fremde Mann, die Mutter und der Tod.**
>
> **Du bist die sich verwandelnde Gestalt,**
> **die immer einsam aus dem Schicksal ragt,**
> **die unbejubelt bleibt und unbeklagt**
> **und unbeschrieben wie ein wilder Wald.**
>
> **Du bist der Dinge Inbegriff,**
> **der seines Wesens letztes Wort verschweigt**
> **und sich den Andern immer anders zeigt:**
> **dem Schiff als Küste und dem Land als Schiff.**

Wer so von Gott spricht, erinnert (an) einen Einklang von Passivität und Aktivität, von Rezeptivität und Responsivität, von Wissen und Nichtwissen, vom Innersten und vom Äußersten, um gleichsam herbeizurufen, was z. B. in der Enge der unwirtlichen Städte und den das Leben immer mehr bestimmenden technischen Artefakten unkenntlich geworden ist (S. 298):[51]

> **Die großen Städte sind nicht wahr; sie täuschen**
> **den Tag, die Nacht, die Tiere und das Kind;**
> **ihr Schweigen lügt, sie lügen mit Geräuschen**
> **und mit den Dingen, welche willig sind.**

---

[51] Siehe auch das Sonett S. 921 (mit Einrückung am Anfang der letzten Strophe): **O DAS Neue, Freunde, ist nicht dies, / dass Maschinen uns die Hand verdrängen. / Lasst euch nicht beirrn von Übergängen, / bald wird schweigen, wer das ›Neue‹ pries. // Denn das Ganze ist unendlich neuer, / als ein Kabel und ein hohes Haus. / Seht, die Sterne sind ein altes Feuer, / und die neuen Feuer löschen aus. // Glaubt nicht, dass die längsten Transmissionen / schon des Künftigen Räder drehn. / Denn Aeonen reden mit Aeonen. // Mehr, als wir erfuhren, ist geschehn. / Und die Zukunft fasst das Allerfernste / rein in eins mit unserm innern Ernste.**

Der zunehmend modernitätskritischer werdende und doch für die Erkenntnismöglichkeiten seiner Zeit sensible Rilke hat vermutlich im Jahr 1914 das Wort **Weltinnenraum** (S. 879) geprägt. Damit hat er den einen **Raum** gemeint, der **durch alle Wesen reicht**, die Grenze zwischen Bewusstseinsinnen und Weltaußen aufhebend. Oder sollte ich besser sagen: diese Grenze vom Innersten zum Äußersten und vom Äußersten zum Innersten ständig überschreitend? Denn es ist ja gerade die Erfahrung dieser Grenze, die nach der einen wie nach der anderen Seite hin überschritten wird und in diesem Überschreiten Grenze und Grat ist und wird. Dabei fallen mir Zeilen aus Johann Wolfgang von Goethes EPIRRHEMA im Zyklus seiner WELTANSCHAULICHEN GEDICHTE ein: „Nichts ist drinnen, nichts ist draußen: Denn was innen, das ist außen."[52] In einem etwas anderen Zusammenhang und mit anderem Schwerpunkt schreibt Rilke in der 1921/1922 entstandenen SIEBTEN DUINESER ELEGIE (S. 655): **Nirgends, Geliebte, wird Welt sein, als innen....**

In bedrängter Lage schreibt Rilke Anfang April 1916 ein Gedicht, das gegen quälende Außeneindrücke zumal im 1. Weltkrieg einen dennoch bewahrten Weltinnenraum bezeugt, eher noch: beschwört (zit. n. Betz, S. 47: hier 2 Strophen aus dem Schlussteil):

> **Wir haben nichts, als was dort innen steht,**
> **wir haben alles, als dort innen steht.**
> **Wie fassen wir denn, was dort innen steht,**
> **da auch das Fliegende dort innen steht.**
>
> **Da auch Geschwundenes dort innen steht**
> **und nicht mehr schwindet[,] seit es innen steht.**
> **Im Schwinden selber steht, was innen steht.**
> **Wie fassen wir denn, was im Schwinden steht?**

Demnach ist der bewahrte Innenraum keineswegs ein ungestörter Schonraum, **stehen** doch auch das **Fliegende** und **Schwindende innen**. Doch hinein-

[52] Zit. n. Goethe: Gedichte. Einmalige Jubiläumsausgabe zum 250. Geburtstag Goethes am 28.8.1999, hg. u. komm. v. Erich Trunz (Hamburger Ausgabe von Goethes Werke I, 16. Aufl. 1996), München 1999, S. 358. »Epirrhema« heißt: das Dazugesprochene, gemeint sind die Dialogverse des Chors in der attischen Komödie (Gegenstück: «Antepirrhema«). Goethes EPIRRHEMA, eines seiner „weltanschaulichen Gedichte", lautet vollständig: *Müsset im Naturbetrachten / Immer eins wie alles achten; / Nichts ist drinnen, nichts ist draußen: / Denn was innen, das ist außen. / So ergreifet ohne Säumnis / Heilig öffentlich Geheimnis. • Freuet euch des wahren Scheins, / Euch des ernsten Spieles: / Kein Lebendiges ist Eins, / Immer ist's ein Vieles.* - Diese Motive kehren bei Rilke wieder.

genommen und angenommen im Innersten gehören sie zur »conditio humana« so dazu, dass ihr Bedrohliches in Schach gehalten wird.

Wenn Rilke mit diesen Bezügen vom **Weltinnenraum** spricht, dann ist er durchaus auf der Höhe der Zeit, mag er sich mit Naturwissenschaften beschäftigt haben oder nicht. Einmal abgesehen vom platten Materialismus vollzieht sich um 1900 eine Abkehr vom sog. Monismus, nämlich Natur und Leben aus einem einzigen Prinzip heraus zu beschreiben und zu verstehen, wie z. B. Ernst Haeckel es mit Erfolg beim allgemeinen Publikum tat. Nach Andrea Pagni steht Rilke mit seinem STUNDEN-BUCH (1899 bis 1903, publiziert erst 1906), und seinem BUCH DER BILDER (1902/1906) auf der Schwelle zwischen der Entstehung des monistischen Weltbildes in der Naturwissenschaft und der Kunst von etwa 1890 bis 1895 und deren schneller Krise, für die Rilkes Werke charakteristisch sind: Rilke ist kein Monist, er lehnt die Zentralperspektive ab und versucht, der Vielfalt und Mehrperspektivität von Welt und Leben und deren Spiegelung im menschlichen Wahrnehmen und Denken in seiner Lyrik zu entsprechen. Dabei will er das Grundgelegtsein des Vielen im Einen zur Geltung bringen, in dem einen **Stern** und **Strahl** (S. 343: KLAGE):

O WIE ist alles fern
und lange vergangen.
Ich glaube, der Stern,
von welchem ich Glanz empfange,
ist seit Jahrtausenden tot. ...
Im Hause hat eine Uhr
geschlagen...
In welchem Haus?...
Ich möchte aus meinem Herzen hinaus
unter den großen Himmel treten.
Ich möchte beten.
Und einer von allen Sternen
müsste wirklich noch sein.
Ich glaube, ich wüsste,
welcher allein
gedauert hat, -
welcher wie eine weiße Stadt
am Ende des Strahls in den Himmel steht...

Darum, so meine ich, geht es ihm auch in den NEUEN GEDICHTEN (1906/1907), in denen er sich auf das Genaueste fast unterkühlt den „Dingen" zuwendet, aber in ihre Struktur, ihre innere Verfasstheit und Gestimmtheit im Wechselspiel mit dem Betrachter einzudringen und diese in vom Gegenstand bzw. vom Geschehen initiierten Sprachbildern so genau wie möglich wiederzugeben versucht.[53]

Zur gleichen Zeit entwickeln Max Planck (1858 bis 1947) und Niels Bohr (1885 bis 1962) die Quantenphysik, Albert Einstein (1879 bis 1955) veröffentlicht seine Relativitätstheorie (1905 die spezielle, 1915 die allgemeine R.). Beide Theorien widersprechen sich, und bis heute ist keine vereinheitlichende THEORIE FÜR ALLES gefunden,[54] gleichwohl „stimmen" sie beide. Vor allem stimmen beide darin überein, dass wir es zu tun haben sowohl mit Verschränkungen (Entanglements) und der Aufhebung des monistisch-kausalistischen Standpunktes durch die das gewohnte Subjekt-Objekt-Schema durchbrechende Quantenphysik als auch in Ablösung des statisch-kausalistischen Newtonschen Weltbildes (Raum und Zeit als feste Größen) mit einem „relativistischen" Raum-Zeit-Verständnis durch die Relativitätstheorie, die Zeit und Raum als voneinander abhängige flexible Größen je nach Standpunkt betrachtet und nur die Lichtgeschwindigkeit als unverrückbare Maßeinheit kennt. Diese Umwälzungen im Welt- und Lebensbild, abgesehen von den tiefen Einschnitten im Lebensverständnis der Menschen durch den ›Ersten Weltkrieg‹ als der „Urkatastrophe Europas" (George F. Kennan), scheinen sich mir auch in Rilkes literarischem wie in Picassos malerischem Werk niederzuschlagen, ohne dass zumal Rilke einem allgemeinen Relativismus das Wort lassen will. Er mag Einstein, Planck und Bohr nicht gekannt haben, aber er hat, wie wir wissen, mit Pablo Picassos (1881 bis 1973) Bildern gelebt.

---

[53] Zum Vergleich: Der Rilke bekannte „Kubismus" versucht ebenfalls, Strukturen abzubilden und dabei die geometrischen Formen als im Sein enthaltene und bestimmende Grundformen zu erfassen, die zugleich quer zueinander stehen können, also passend unpassend sind.

[54] Selbst Stephen Hawking, der diese eine THEORIE FÜR ALLES sein Leben lang besonders intensiv gesucht hat, auch um damit den - freilich von ihm deistisch verstandenen (Gott als Uhrmacher, der die Uhr einmal gebaut und dann aufgezogen, sich dann aber aufs Altenteil gesetzt hat) - Gottesglauben endgültig als überflüssig zu erweisen und selbst wie Gott denken zu können, soll inzwischen bezweifelt haben, dass es jemals eine solche Theorie geben werde. Nun, schon ein Blick in die Wissenschaftsgeschichte zeigt, wie auf eine für umfassend gehaltene Theorie eine neue, noch komplexere und erklärungsreichere Theorie aufbaut; dieser auch in der Evolution der Natur festzustellende Vorgang wird „Emergenz" genannt. Manche Naturwissenschaftler sind bisweilen naiv bis borniert und auf Sonntagsschulniveau stehen geblieben, sie weigern sich, das philosophisch-theologisch bisher Gedachte in seinen tatsächlichen Aussagen und seinem wirklichen Gehalt zur Kenntnis zu nehmen.

Der Wissenschaftshistoriker Ernst Peter Fischer beschreibt Picassos für die moderne Kunst paradigmatisch gewordenes Bild LES DEMOISELLES D'AVIGNON aus dem Jahr 1907 (!) als malerische Anwendung der Relativitätstheorie: „Was wir auf Picassos Bild gleichzeitig sehen - etwa wenn wir auf den unmöglich verdrehten Rücken der Dame rechts unten blicken, der wir sowohl ins Gesicht als auch auf den Rücken schauen können -, zeigt sich uns im Raum der Wirklichkeit durch eine Bewegung in der Zeit. Die Zeit wird in Picassos Bild zum Raum, und wer das physikalisch ausdrücken will, kann sagen, das Bild wird zu einem Bezugskörper, im Hinblick auf den es überhaupt erst sinnvoll ist, von Gleichzeitigkeit zu sprechen."[55]

Rilke war alles andere als ein Naturwissenschaftler, dafür habe ich jedenfalls keine Anhaltspunkte gefunden, außer in den wissenschafts- und kunsttheoretischen Überlegungen von Andrea Pagni. Aber in seiner überstarken Sensibilität wird er geahnt, gewittert haben, dass Welt und Leben nur von ihren Beziehungen her und in ihnen verstanden werden können, dass es nicht den einen und einzigen Standpunkt gibt, von dem aus sich alles erschließt oder überblicken und erfassen lässt, dass Innen und Außen eine Frage der Perspektive und ein immer neuer Überschritt sind, dass Welt und Leben nur als Innenraum zu beschreiben sind, zumal unser Denken sich immer nur in dem von Zeit und Raum gesetzten Rahmen bewegen kann.

Wir können nicht hinter den ›Urknall‹ blicken, denn erst mit dieser Singularität haben sich Zeit und Raum, die auch noch in Relation zueinander stehen und sich gegenseitig beeinflussen können (jedenfalls in unserer Wahrnehmung, wobei eben nur die Lichtgeschwindigkeit konstant ist) gebildet - und wir leben nirgendwo anders als in dem Innenbezug und dem uns wie ein Netzwerk bereits naturhaft vorgegebenen Beziehungen. Infolgedessen wird uns im Blick auf die Singularität, im Blick auf den „Rand", also von der Grenze her deutlich, dass unsere Innenwelt eine Außenwelt hat wie wir Menschen eine Haut, die uns sowohl den uns umgebenden Raum erfahren lässt als auch unser Innenleben unterscheidet von dem Außenleben, das auf uns einwirkt, während wir auf es einwirken. Zug und Gegenzug bilden ein Gefüge. Mit anderen Worten:

---

[55] So Ernst Peter Fischer: Einstein trifft Picasso und geht mit ihm ins Kino - oder Die Erfindung der Moderne, München 2005, S. 21f, dort auch das Picasso-Bild mit längerem Begleittext.

Wer das Endliche erfährt, erfährt auch etwas vom Unendlichen, mindestens im Bewusstsein. Wer das Ja erfährt, erfährt auch das Nein. Wer das Leben erfährt, erfährt auch den Tod. Das gilt jeweils auch umgekehrt. Mitten in diesem Wechselbezug, in dieser Spannung zu leben heißt: an der Grenze das Grenzüberschreitende und -übergreifende zu erfahren, das Sichtbare und das Unsichtbare als Dimensionen, Perspektiven des Ganzen, dasjenige, was als Werdekraft in beiden aufeinander bezogenen „Feldern" (durchaus im physikalischen Sinn) wirkt. Wer wollte das anders nennen als »Gott«, der für Rilke niemals **Besitz** ist, sondern recht verstanden stets **Bezug**, also der Name für das Sein in Beziehung?!

Wie unter diesen Bedingungen Erkenntnis zustande kommt und was sich dabei abspielt, will ich nun andeuten an Rilkes Gedicht EMMAUS aus dem Jahr 1913 (S. 841, ohne Punkt am Ende verfasst):

Noch nicht im Gehn, obwohl er seltsam sicher
zu ihnen trat, für ihren Gang bereit;
und ob er gleich die Schwelle feierlicher
hinüberschritt als sie die Männlichkeit;
noch nicht, da man sich um den Tisch verteilte,
beschämlich niederstellend das und dies,
und er, wie duldend, seine unbeeilte
Zuschauerschaft auf ihnen ruhen ließ;
selbst nicht, da man sich setzte, willens nun,
sich gastlich an einander zu gewöhnen,
und er das Brot ergriff, mit seinen schönen
zögernden Händen, um jetzt das zu tun,
was jene, wie den Schrecken einer Menge,
durchstürzte mit unendlichem Bezug -
da endlich, sehender, wie er die Enge
der Mahlzeit gebend auseinanderschlug:
erkannten sie. Und, zitternd hochgerissen,
standen sie krumm und hatten bange lieb.
Dann, als sie sahen, wie er gebend blieb,
langten sie bebend nach den beiden Bissen

Einen Vergleich mit den thematisch korrespondierenden Gedichten ABENDMAHL (S. 334+537) und DER AUFERSTANDENE (S. 528) mir versagend, beschränke ich mich auf das EMMAUS-Gedicht.[56] Mit seiner eigensinnigen Nachdichtung der Erzählung aus Lukas 24,13-35, die im Grunde eine Neudichtung ist, trifft Rilke gleichwohl ihren sachlichen Kern, ihre Hauptaussage: Es geht um einen Erkenntnisakt! In der Tat, „Rilke ... ging es um Erfahrungen, um Einsichten und starke seelische Widerfahrnisse, die er nicht ›Glauben‹ nennen wollte.“[57] Den Weg dorthin, der bei Lukas ausführlich erzählt wird, verkürzt Rilke erheblich, er scheint die Kenntnis der biblischen Erzählung vorauszusetzen. So konzentriert er sich ganz auf das Hinzutreten des unbekannten Fremden, dessen Namen unbenannt bleibt, ebenso wie der der Wandernden und der des Ortes Emmaus, der weder auf einer Landkarte noch sonst in Bibel und jüdischer Tradition auftaucht, weil er wahrscheinlich die Fiktion eines nahen und doch fernen Zieles ist. Damit setzt Rilke die schon im Neuen Testament enthaltene raumzeitliche Entgrenzung dieses Ereignisses entschlossen fort.

Ja, noch hat hier nichts und niemand einen Namen, der in dieser Phase aus Rilkes Sicht eine falsche Festlegung und Vereinnahmung wäre, die für den Dichter und die Lesenden kein Identifikationsangebot („Wir sind es, die da diesen Weg mit diesen Fragen gehen. Und wir erleben das Geschehende vom Ende her als Christusereignis mitten unter uns.“) mehr geben könnte. Stattdessen regiert bis zur vorletzten, den Höhepunkt erst nur ankündigend in der 15. Zeile (**da endlich, sehender...**) das **Noch nicht...** aus der 1. und 5. Zeile, variiert im **selbst nicht** der 9. Zeile. Umso intensiver und plastischer werden die Vorbereitungen des Mahles geschildert: immer atemloser, temporeicher, um das ganze Geschehen auf die überwältigende Überraschung der Erkenntnis zuzuspitzen. Diese überraschende Erkenntnis fährt in die Beine und reißt hoch, aber die Beine bleiben eingeknickt und der Körper krumm: **standen sie krumm und hatten bange lieb.** Die Erkenntnis der Transzendenz ist da, aber es bleibt eine in der Immanenz, im menschlichen Staunen, der Wahrheit gleichsam ausgesetzt zu sein, ohne sie fassen zu können. Ergriffenheit und Erschütterung: **... und hatten bange lieb.**

---

[56] Eine Interpretation, die mich aber nicht voll überzeugt, bietet Friedrich-Wilhelm von Herrmann: »Und zitternd hochgerissen standen sie krumm und hatten bange lieb«, in: Fischer, S. 297-310. F.-W. von Herrmann nennt ein Emmaus-Bild von Rudolf Eichstaedt als Anlass für Rilkes Gedicht.

[57] So Betz, S. 138. Warum Rilke das Wort ›Glauben‹ als unpassend erschien und er es (allerdings keineswegs immer und überall) möglichst vermied, dürfte aus seinem Vorbehalt gegen instrumentalisierte und manipulierende Glaubenssätze oben schon deutlich geworden sein.

Die Erkenntnis rational zu nennen, wäre viel zu wenig. Sie für irrational zu halten, wäre ganz falsch, denn sie führt zu einer klarer Einsicht und einer klaren Haltung und, wenngleich gegenüber der biblischen Erzählung begrenzten, Handlung. Darum bezeichne ich sie als trans-rational: aus dem Sehen und Erleben entsteht ein Lieben. Erkenntnis ist leiblich, auch der Logik und Rationalität eignet ein Eros, klares Denken und Wissen hat Momente der Ekstase. Doch welches Wissen und welches Lieben ist ohne Bangigkeit, ohne die inständige Bitte, das geliebte Gegenüber möge bleiben, aus dem Wissen möge über Klarheit hinaus - ja doch - Gewissheit erwachsen?! Nun bleibt **er**, der **zu ihnen trat**, mit ihnen ging, sich mit ihnen zu Tisch setzte und **das Brot ergriff**, tatsächlich. Sein Bleiben im Geben lässt sie nehmen. Aktiv werden sie rezeptiv, sie nehmen: im Verb **lang(t)en** steckt ein „Verlangen“, aber kein gieriges, sondern ein zögerndes, sich des Gabecharakters und des Charakters der Gabe bewusst:[58] **...langten sie bebend nach den beiden Bissen.** Die Geschichte, wie sie das Gedicht wiedergibt, hat keinen Punkt, kein Ende, es wird noch viel mehr geschehen, jetzt ist erst ein Anfang gemacht.

Was bewirkt die Erkenntnis? Sie geht ins Innerste hinein, um mit diesem Innersten, der Erinnerung, das zum Inneren Gekommene und Genommene, sich nach außen zu wenden. Die Erkenntnis erzeugt eine Handlung. Im Vollzug dieser Handlung wird am Ende - das Gedicht hält beim Nehmen inne und endet ohne Ende - wieder etwas in den Leib aufgenommen: es wird gegessen. Dieses Ende ohne Ende steht sowohl für die Korrelation von Innen und Außen als auch für die Koinzidenz von Endlichkeit und Unendlichkeit. In dieser Relation, diesem Bezug, dieser Beziehung, die zugleich alltäglich und hochheilig ist, ist Gott, ja dieser Name steht für eben dieses Geschehen - freilich in einem erinnernden Erkennen, Wiedererkennen und Verlangen, das derart zuinnerst ist, dass auf das Nennen konkreter Namen verzichtet werden kann. Keineswegs wird hier der Namenlosigkeit das Wort geredet, aber es wird beachtet, dass ein Name wie der der beiden Männer, der des Christus und der Name Gott stets ein Name für das Ungreifbare als dem alles Umgreifenden und deshalb über jeden Namen hinaus ist. Das ist erfahrbar: insofern greifbar, als be-

[58] Vgl. aus dem sich vergrößernden Kreis der Ethnologen, Philosophen und Kulturanthropologen, die die Rezeptivität vor die Produktivität, das Nichtreziproke vor das Reziproke stellen, Marcel Hénaff: Der Preis der Wahrheit. Gabe, Geld und Philosophie, Frankfurt / M. 2009.

bend nach den beiden Bissen [ge]langt werden kann. Der einerseits Gebende bleibt der andererseits Entzogene, der geliebte Nahe bleibt der ganz Andere. Sein Name muss nicht mehr genannt werden, weil er nun bekannt ist. Jede Nennung dementierte, ja destruierte diesen Erkenntnisakt. Nur so, indem das Anderssein anerkannt wird, ist Liebe lebendig und Wissen wahrhaftig.

Also kommt kein Erkenntnisakt, am allerwenigsten ein existentieller, ohne »Gott« aus, d. h. ohne eine immer schon vorausgesetzte Evidenz, ohne Axiom. Wenn Heraklit sagt, wir stiegen niemals in denselben Fluss, weil alles im Flusse sei (was ja stimmt), muss Parmenides ihn fragen, woher er denn wisse, was ein Fluss sei (was eine berechtigte Frage ist) - und Heraklit muss es ihm wohl erklären. In Worten der bis heute unentschiedenen Nominalismusdebatte: Die Allgemeinbegriffe (universalia) sind in der einen Perspektive ante rem (vor den Dingen, dem Denken vorgegeben wie die Platoniker aufgrund der Ideenlehre meinten), in der anderen Perspektive post rem (Nominalisten: nach den Dingen, durch Vereinbarung bestimmt), in rebus (wie die Aristoteliker meinten).[59] Für Rilke ist entscheidend: Das, was ist, darf ein anderes, das ist, nicht besitzen wollen, beide Entitäten müssen, wie Rilke sagt, miteinander im Bezug bleiben, aber nur das, was ist, kann im Bezug sein mit anderem, das ist. Es bleibt nicht nur der »Name der Rose« (Umberto Eco), zumindest in der Erinnerung und in Erwartung einer neuen Rose bleibt, was diese Rose war und die neue Rose sein wird: rot, vielblättrig, duftend. Das, was sie ist, ist sie aber immer in doppeltem Bezug: auf sich selbst, hinsichtlich der sie Betrachtenden. Das Sein für sich und das Sein für andere sind stets miteinander verbunden. Nichts Organisches lebt aus und für sich selbst, es wird es selbst aus der Begegnung. Dafür steht der Name Gott, der keine Entität im Sinne eines metaphysischen „da draußen“ und „da drüben“ bezeichnet, sondern das Gegeben-, das Bezogen- und das Begrenztsein von allem, was lebt, und so im Werden sein Sein hat.

Darf ich dabei an Paulus denken, der im »Hohen Lied der Liebe« (1. Korinther 13) die Erkenntnis und das Wissen mit der Liebe zusammengebracht hat? Und durch die Liebe mit dem Glauben und der Hoffnung! „Jetzt erkenne ich

[59] Anschaulich dargestellt in dem Mittelalter-Krimi von Umberto Eco: Der Name der Rose, Stuttgart 1982. Vgl. dazu wissenschaftlich Wolfgang Stegmüller: Glauben, Wissen und Erkennen / Das Universalienproblem, Darmstadt 1965^2; Wolfgang Stegmüller: Rationale Rekonstruktion von Wissenschaft und ihrem Wandel, Stuttgart 1979.

stückweise, dann aber werde ich erkennen, wie ich erkannt bin. Nun aber bleiben Glaube, Hoffnung, Liebe, diese drei; aber die Liebe ist die größte unter ihnen." (1. Korinther 13,12c+13)

Exkurs: Bibel und Gedicht

Am Schluss dieses langen Abschnitts soll am Beispiel des EMMAUS-Gedichtes von Rilke - aus einer sehr persönlichen Sicht - ein kleiner Exkurs zum Verhältnis von und Umgang mit Bibeltext und Gedicht stehen. Da ich mich fast mein ganzes Leben lang beschäftigt habe mit der öffentlichen Auslegung biblischer Texte, die ich als Aufgabe und Herausforderung empfinde, der ich weder ausweichen kann noch will, möchte ich wenigstens andeutungsweise das biblische Original mit dem Rilke-Gedicht vergleichen. Wie oben schon angesprochen, ist Rilkes Gedicht eher eine Neu- als eine Nachdichtung von Lukas 24,13-35, in der der Dichter ein wichtiges Motiv aufnimmt und dieses auf der Grundlage der biblischen Erzählung, aber weitgehend selbstständig poetisch ausgestaltet. Das hat den Vorteil der Fokussierung, ja der Verdichtung eines Textes. Dabei ist freilich zu beachten, dass biblische Texte ohnehin schon eine Verdichtung einer Begebenheit in hochreflektierter Weise sind, gerade an den Bruchstellen und den Auslassungen in der Erzählung.[60] Ein späterer Dichter, selbst wenn er sich nur eines oder weniger Motive bedient, setzt diesen Erzählvorgang auf seine, eigensinnige Weise fort. Das ermöglicht, wenn das Gedicht poetologischen Anforderungen genügt (was bei Rilke, von wenigen Ausnahmen abgesehen, in höchstem Maß der Fall ist), dem aufmerksamen (!) Ausleger einen neuen, ungewohnten Zugang und eine neue Sichtweise, gerade wenn das Gedicht einen Verfremdungs- oder Umkehrungseffekt hat. Insofern sind nicht nur, aber gerade Rilkes mehr an Motiven als an genauerer Wiedergabe des Erzählten orientierte Neudichtungen von unschätzbarem Wert für die Hermeneutik, die Interpretation und die Präsentation eines biblischen Textes, und zwar besonders durch Verfremdung und Infragestellung.

Gleichwohl bleibt der Eigensinn und -wert eines biblischen Textes unbedingt zu beachten. Kein Gedicht kann die in ihm längst enthaltene Verdichtung menschlicher Erfahrungen im Horizont der Gotteserfahrung ersetzen. Jede

[60] Ein herausragendes Beispiel ist dafür Genesis 20,1-19, »Das Opfer des Abraham« bzw. in jüdischer Tradition »Die Bindung Isaaks« - vgl. Hans Joachim Schliep: Ein unglaublicher Glaube - Kronsberger Predigten 3, Saarbrücken 2014, S. 53-101

Dichtung will als solche gelesen und gedeutet werden, soweit wie möglich aus sich heraus, in ihrem Eigensinn. Dabei gilt zufolge der modernen Rezeptionsästhetik, dass das Kunstwerk kraft seines Eigensinns noch einmal im Sinn des Betrachters sich neu bildet. Auch hier gilt, was ich oben zur Verschränkung ausgeführt habe. Das Kunstwerk und durch es der Künstler gibt Anlass und Anstoß zu Sinnbildung und -findung in der Person, die es betrachtet, im Grunde geht es auch hier um eine der mystischen vergleichbare, vielleicht sogar entsprechende »Einbildung« (Meister Eckhart). So geht es mir, wenn sich der Bibeltext mir erschließt, auch wenn er ein fremder Gast bleibt, und ich mich von ihm öffnen lasse. Dieser Entdeckungs- und Erschließungsvorgang beginnt bei einzelnen Motiven, die dann, wenn es „gut" geht und ich mich dem Text wirklich aussetze, d. h. seiner Sprachbewegung, seiner Intention und Inspiration folge, zum Schlüssel für immer weitere Textteile und Verstehensdimensionen werden können.

In diesem Sinn bringe ich hier zwei Aspekte zur Geltung, in denen Lukas 24,13-35 für das Rilke-Gedicht nicht nur das Grundmotiv des „Erkennens" intoniert, sondern vor allem im Blick auf zwei Erfahrungen hin konkretisiert: in der langen Eingangspassage, die Rilke weglässt, das reale Nichtverstehenkönnen des mit Jesus in seiner Kreuzigung Geschehenen, gespiegelt im Nichterkennenkönnen des unerwarteten, unbekannten und unberührbaren Begleiters, der den beiden sog. Emmaus-Jüngern zum Hermeneuten wird. Gerade in diesen Passagen macht der Bibeltext ein sehr lebensnahes Identifikationsangebot für die Lesenden. Insofern ‚entmaterialisiert' Rilke den Bibeltext. Das ist legitim, sollte aber vermerkt werden.

Noch eine Tendenz zur ›Entmaterialisierung‹ bzw. ›Spiritualisierung‹ finde ich am Gedichtschluss. Wenn das Verlangen erfüllt wird und an der Brotgabe sich die Erkenntnis der Christuswirklichkeit entzündet, verschwindet im biblischen Text nicht nur der Christus, sondern brechen die beiden sog. Emmaus-Jünger auf und eilen noch am Abend, in der Nacht nach Jerusalem zurück an den Ort, an dem ihre Verzweiflung mit Jesu gewaltsamem Tod ihren Anfang nahm, an dem sie aber nun mit den anderen Jüngerinnen und Jüngern zusammen neues Leben erfahren, konkretisiert im Herrenmahl als eschatologischem Freudenmahl. Und dieses bedeutet zugleich Aufbruch, der die Emmaus-Jünger zwar zurück nach Jerusalem führt, der aber keine Wendung zurück ist, sondern ein Neubeginn kraft neuen Verstehens und so Gemeinde entstehen lässt.[61]

Dass Erkennen und Erkenntnis Aufbruch, neues Verstehen und neues Beginnen in der Gemeinschaft mit anderen bewirken - das vermisse ich bei Rilke. Ebenso empfinde ich es als ein Ausweichen, ja als ein tatsächliches ›Entmaterialisieren‹, das eine Erfahrungsdimension übergeht: Christus wird bei Lukas sowohl am Brot-Geben erkannt, was Rilke aufnimmt, als auch insbesondere und hauptsächlich am Brot-Brechen, was Rilke vernachlässigt. Will er wieder nicht zu deutlich werden, um Christus nicht zu verzwecken und zugleich den Lesenden zur eigenen Sinndeutung nur zu inspirieren statt zu dirigieren? Oder ist Christus ihm schon kein wirkliches Gleichnis mehr, sondern eine Art Sphärenwesen, das weder »wahrer Mensch« noch »wahrer Gott« sein kann, sondern dem auch etwas - von Rilke in seiner Frühzeit vehement abgelehntes - Über- und Unweltliches anhaftet, in das er die nach dem Bissen Langenden hinein- bzw. hinaufzieht?

Wo die recht verstandene Mystik „offene Augen“ (Johann B. Metz) hat, kein Geheimwissen pflegt und ins soziale Handeln drängt, weil ihre durch die »Einbildung« ausgebildete Sensibilität für Gott in wahre Sozialität führt, verliert im Gnostischen, wo es um verborgene, ja geheime Erkenntnis geht, die Natur ihre Gestalt, der Mensch seinen Leib und die Gesellschaft ihre Form. Hat Rilkes (religiöse) Poesie einen gnostischen Zug „himmelwärts“? Würde Sören Kierkegaard (1813 bis 1855) ihm kritisch bedeuten, Rilke habe den für entscheidenden Schritt noch vor sich: den Schritt von der Ästhetik zur Ethik, von der Verpflichtung gegenüber dem Schönen, das ohne Interesse Gefallen weckt (nach Kants ›Kritik der Urteilskraft‹), zur unbedingten Verpflichtung im Sozialen, die den Sinn für Verantwortung schärft?[62]

...und dann und wann ein weißer Elefant...

[61] Siehe zum Vergleich - wobei die poetische Qualität bei Rilke unübertroffen ist - im Blick auf die Aufnahme von Lk 24,13-35 bei Klaus Peter Hertzsch: Wir wussten es nicht, es war der Ostertag, in: ders.: Nachdenken über den Fisch, Stuttgart 1994, S. 26f. Vgl. Hans Joachim Schliep: Was uns unbedingt angeht... - Kronsberger Predigten (I), Saarbrücken 2012, S. 91-94.

[62] Nach Sören Kierkegaard: Furcht und Zittern (1843), ist der Schritt von der Ästhetik zur Ethik der entscheidende Schritt zum eigenen, d. h. auch verantwortlichen Leben, das wie Abraham in Genesis 22,1-19 den göttlichen Befehl, seinen Sohn Isaak zu töten, ebenso ernstnimmt wie das Hören auf die zweite Gottesstimme, den Sohn zu verschonen, und sich in diesem Konflikt ein eigenes moralisches Urteil zu bilden. Doch war auch Kierkegaard jemand, der sich ähnlich wie Rilke nicht dauerhaft binden konnte oder wollte oder es nicht zu dürfen meinte.

[7] Rilkes Transformation des Religiösen in der Kunst

Bisher habe ich mich in dieser Darstellung stärker als auf andere Gedichte auf das STUNDEN-BUCH gestützt. In ihm sucht Rilke einen Weg zwischen Materialismus und Atheismus auf der einen Seite und unmöglich gewordener religiöser Metaphysik und Aberglaube auf der anderen Seite. Unter dem Einfluss seiner Italien-, vor allem seiner Russland-Reisen hat er ausgebildet, was ich einen eigenen religiösen Stil nenne.[63] Doch wäre Rainer Maria Rilke als „christlicher Dichter“ zu betrachten, weil er eine überwältigende Fülle biblisch-christlicher Motive aufnimmt? Dem Tübinger röm.-kath. Theologen Karl-Josef Kuschel verdanken wir eine Reihe von Werken zum Verhältnis von Glaube und Dichtung seit dem 19. Jahrhundert. Er beginnt seine Abhandlung „Rainer Maria Rilke und die Metamorphosen des Religiösen“ mit dieser These:

„Kaum einer der großen Schriftsteller des 20. Jahrhunderts dürfte dem Christentum **zugleich** so fern und so nah gewesen sein; kaum einer hat sich so bitter und sarkastisch von Christus und der Kirche distanziert und **zugleich** die Welt der Kirche und die Gestalt Christi so extensiv in sein Werk hineingenommen; kaum einer ist von ‚Religion’ so weit weg und ihr **zugleich** so stark verhaftet wie Rainer Maria Rilke.“[64]

Genau das ist auch mein Eindruck! Allerdings scheint mir der Ausdruck ›Transformation‹ näher zu liegen, weil er mehr einen bewussten, reflektierten Akt, der ja bei Rilke vorliegen dürfte, anstatt eines metamorphotischen Naturvorgangs kennzeichnet.

---

[63] Vgl. Dietrich Korsch: Religion mit Stil. Protestantismus in der Kulturwende, Tübingen 1997. - In Italien war Rilke im April und Mai 1898, in Russland von April bis Juni 1899 und von Mai bis August 1900. Anmerkung: Rilke war, außer in seinen letzten Jahren in der Schweiz und vorher bisweilen in Paris, davor, wenn auch durch längere Reisen unterbrochen, in Worpswede-Westerwede, offenbar nicht dafür geschaffen, in der Regel länger als bis zu 6 Monaten an einem Ort zu bleiben. Er entwickelte sich zu einem politisch durchaus bewussten Europäer, hatte also auch eine politisch-soziale Seite, wie seine Briefe, aber nur in Spuren seine Lyrik und Prosa zeigt. Was er erfuhr und erlebte, musste er in seinem Inneren auf ganz und gar poetische Weise verarbeiten. Rilke hat Einsamkeit ersehnt und lange Einkehrphasen gehabt, in denen er aber - wie im Gegenzug - Gemeinschaft gebraucht hat. Seine Beziehung zu seiner Frau Clara Westhoff-Rilke (1858-1954) und der gemeinsamen Tochter Ruth Rilke-Sieber (1901-1972) hat zahlreiche Unterbrechungen erfahren, aber auch immer wieder neue Kontakte bis in seine letzten Jahre hinein gekannt. Rilke konnte nicht wirklich für sich sorgen, sondern hat sich von vielen Frauen umsorgen lassen und die meisten Beziehungen in Brieffreundschaften fortgesetzt.

[64] Siehe das Anm. 4 genannte Buch von Kuschel, S. 41 (hier fette Buchstaben sind im Original unterstrichen). Von Kuschel paraphrasiere ich einige Passagen. Die Rilke-Zitate sind in diesem Buch ebenfalls belegt.

Zunächst noch einmal zum STUNDEN-BUCH: In ihm beschreibt Rilke die Kunst als Weg zu und mit Gott. Der Künstler ist der **Ahne Gottes**, Gott ist das **älteste Kunstwerk**, das mit jedem Kunstwerk neu geschaffen werden muss, wie Kuschel aufgrund schon von Rilkes FLORENZER TAGEBUCH (1898) feststellt: Gott wird eben im Künstler, der Künstler in Gott geboren! Hingabe an Gott und Hingabe an die Kunst gehören für Rilke zusammen. Diese Einsicht wurde ihm zuteil in Italien in der Begegnung mit den Bildern der Florentiner Malermönche Fra Angelico und Fra Bartolomeo, die, ohne auf Publikumsbeifall zu spekulieren, in frommer Ergebenheit und Einsamkeit ihr Kloster San Marco malerisch ausgestaltet haben. Erst recht nach dem Russland-Erlebnis wird der ebenso ganz an die Kunst wie an Gott hingegebene Mönch, der ein Bild malt, um Gott sowohl zu dienen als auch in sich zu entdecken, das Grundmodell Rilkeschen Kunstschaffens. Für ihn fällt beides zusammen: die Sehnsucht nach sich selbst und die Sehnsucht nach Gott, der tiefsten Wirklichkeit und Wahrheit, die allem zugrunde liegt, allem eine Einheit gibt.

Das ist »Pantheismus« - und doch noch etwas anderes. Wie soll ich es ausdrücken? Da spürt jemand, wie die Vibration und Inspiration seines Daseins, wie sein Ureigenstes, sei es im Suchen, sei es im Finden, sei es im Verlieren, sei es im Wiedererkennen von etwas gegenwärtigem und wirkendem Anderen in Gang gesetzt und gehalten wird. Was bei Emmanuel Lévinas das „Antlitz des Anderen" ist,[65] das kraft Ansprache und Anspruch, durch die Gott in mein Denken (Leben) einfällt, mich allererst ich selbst sein lässt, könnte bei Rilke die Erfahrung der Kunst (Gemälde, Musik) sein, deren aus ihr selbst leuchtende Schönheit und Erhabenheit als ihre Wahrheit das Selbstsein der Person Rainer Maria Rilke hervorruft und ausbildet. Diese Verschränkung ist eine Transzendenz nach innen statt nach außen.

In diesem Sinn wurden wohl auch Rodin und Cézanne für Rilke zu Archetypen des Künstlerischen. Dabei ist aufschlussreich, dass Paul Cézanne bis zu seinem 40. Lebensjahr ein Bohémien war, sich indes die letzten 30 Jahre seines Lebens ganz und gar der Malerei hingegeben hat.[66] Für das Künstlersein verwendet Rilke derart zentrale religiöse Begriffe wie »Gnade« und »Sünde«. Dabei gehört zum Schönen auch das Schreckliche und Widerwärtige. Beidem

[65] Hier weise ich nur hin auf die Sammlung einiger der religions-philosophischen Schriften von Emmanuel Lévinas: Außer sich. Meditationen über Religion und Philosophie, München/Wien 1991.
[66] Neben dem - m. E. schon ›modernen‹ - späten Rembrandt fasziniert mich Cézanne besonders.

im Kunstwerk den genauesten und ernstesten Ausdruck zu verleihen, versetze in den Stand der »Gnade«. Das Schreckliche und Widerwärtige, das Widersprüchliche und Widerständige abzulehnen, lasse den Künstler in den Stand der »Sünde« verfallen. Dieses Ineins von Hochmut und Demut bei Rilke! Und gerade in seiner **Poetik des sachlichen Sagens** taucht er hinein in eine innere Transzendenz, die in ihm: seinem dichterischem Werk auftaucht.

Dieses Wechselgeschehen, diese Wiederholung im Kierkegaardschen Sinn teilt sich mir in einem „Ding-Gedicht" überzeugender mit als in Rilkes religiösen Lyrik: z. B. in dem Gedicht KARUSSELL - JARDIN DU LUXEMBOURG (1907). Wie sehr sind Kinder von einem Karussell fasziniert?! Im faszinierten Blick sind sie ganz bei sich und zugleich inspiriert von einer Anderwelt, die in den Karussell-Figuren ebenso irreal wie real erscheint. Bei alledem wird das Vergehende und Flüchtige der Zeit, das sich als drehende Bewegung zeigt, offenbar - im Wiedererscheinen: ein Wiederholen in der mehrmaligen Wiederkehr der Worte **...und dann und wann ein weißer Elefant** (S. 476f):

Mit einem Dach und seinem Schatten dreht
sich eine kleine Weile der Bestand
von bunten Pferden, alle aus dem Land,
das lange zögert, eh es untergeht.
Zwar manche sind an Wagen angespannt,
doch alle haben Mut in ihren Mienen;
ein böser Löwe geht mit ihnen
und dann und wann ein weißer Elefant.

Sogar ein Hirsch ist da, ganz wie im Wald,
nur dass er einen Sattel trägt und drüber
ein kleines blaues Mädchen aufgeschnallt.

Und auf dem Löwen reitet weiß ein Junge
und hält sich mit der kleinen heißen Hand,
dieweil der Löwe Zähne zeigt und Zunge.

Und dann und wann ein weißer Elefant.

Und auf den Pferden kommen sie vorüber,
auch Mädchen, helle, diesem Pferdesprunge
fast schon entwachsen; mitten in dem Schwunge
schauen sie auf, irgendwohin, herüber -

Und dann und wann ein weißer Elefant.

Und das geht hin und eilt sich, dass es endet,
und kreist und dreht sich nur und hat kein Ziel.
Ein Rot, ein Grün, ein Grau vorbeigesendet,
ein kleines kaum begonnenes Profil -.
Und manchesmal ein Lächeln, hergewendet,
ein seliges, das blendet und verschwendet
an dieses atemlose blinde Spiel...

Ja, es ist die Wiederkehr des Immergleichen, das Leben im Jahreskreislauf, die Leben, die aufeinander folgen - hier symbolisiert durch das Karussell. Und wiederum mehr, sehr viel mehr. Denn das Vorrüberziehende wird ein jedes Mal neu erkannt, als das Bekannte wiedererkannt. Wo Menschen einander wiedererkennen, wiederholt sich kein nur Altbekanntes, sondern es wiederholt sich Urvertrautes, wird immer schon Tragendes bewusst - und dasselbe ist immer etwas anders und deshalb anderes: schon die Wiederkehr, das Wiederholen und die Freude - oder nur die Genugtuung über die Wiederkehr und das Wiedererkennen - machen einen Unterschied, verlängern die Gedächtnisspur nach hinten und nach vorne. Dieser Unterschied erzeugt in mir den Eindruck: Indem ich den Elefanten wiedererkenne, erkennt er gleichsam mich wieder. Ist es im Glauben anders? Wenn wir unsere Namen im Gedenken Gottes bekannt wissen dürfen: „Ich habe dich bei deinem Namen gerufen..." (Jesaja 43,1)? Wenn wir dereinst „erkennen, wie wir erkannt sind" (1. Korinther 13,12)? Bei Gott, der Transzendenz, die uns ergreift und deshalb uns innewohnt, die unsere Erinnerung und Erwartung speist, bekannt zu sein und stets wiedererkannt zu werden - was ist Glauben anderes, was könnte Glauben mehr sein?

Demnach wäre Glaube dem ähnlich, was Rilke an der Kunst so fasziniert und inspiriert: der zwanglose Zwang, eine Bindung ans Bild zu erleben, die als, mehr noch: die kraft dieser Bindung erst ins eigene, freie, offene Leben führt? Wie es hier um das sich einbildende Bild geht, sind religiöse und ästhetische Bildung dem Grunde und dem Ziele nach verbunden. Sind heute derartige Zusammenhänge noch bekannt oder schon vergessen?

Wie ordnen sich Religion und Kunst, die auf sehr eigensinnige Weise bei Rilke zusammengehen, der Parole der Romantiker zu, die Kunst werde und müsse die Religion ablösen? Einerseits erblicke ich genau diesen Vorgang bei Rilke, andererseits liegt es Rilke fern, die Religion durch die Kunst zu ersetzen.[67] Beide sollen einander vertiefen, allerdings im Medium der Kunst selbst, zumal durch deren Religionskritik hindurch, aber eben in der religiös grundierten Poesie, in der die Spuren des Religiösen besser wiederzuerkennen sind als in den Kirchen, sodass es zu einer reineren, tieferen Religiosität kommt. In diesem Sinn hat sich Rilke Elemente des Buddhismus und des Islam anverwandelt.[68] Er hat das Religiöse in die Kunst transformiert. Steht er nun an der Schwelle, das Religiöse durch die Kunst zu eliminieren?

Schon 1898, im FLORENZER TAGEBUCH (TF, S. 37 u. ö.), bezeichnet Rilke Religion als die **Kunst der Nichtschaffenden**, im Umkehrschluss also Kunst als Religion der Schaffenden. Diese werden folglich sowohl gegen die institutionalisierte Religion eingestellt als auch in einer eigenen Weise Betende sein. In diesem Sinn versteht und vertritt Rilke ein Konzept von Kunst als „unendliche Bewusstseinserschließung" in der **Sehnsucht nach sich selbst**. Darin liegt für Rilke auch die eigentliche, ursprüngliche Triebkraft des Religiösen überhaupt. Fortan betrachtet er ästhetische und religiöse Erfahrung als dem Grunde nach identisch, entspringen doch beide dem Impuls, ins eigene Innere hinabzusteigen, um die dort ruhenden Reichtümer **ins Licht** zu heben. Mithin liegt es Rilke fern, die Religion durch die Kunst oder, das ist ihm noch ferner, die Kunst durch die Religion zu ersetzen. Rilke will eine „Kunstreligion" schaffen, die in einem langen Selbsterkundungsprozess der Sehnsucht nach sich selbst nachgibt, ohne sich jemals mit fertigen Erkenntnissen und Einsichten, mit unverrückbaren Wahrheiten und Werten zufriedenzugeben. Wo dann Gott in den Blick kommt, geht es Rilke um die grundlegende Unverfügbarkeit des Selbst, aus der eine geradezu übermenschliche Spannung im künstlerischen Arbeitsprozess entsteht.[69] Die moderne Vielfältigkeit, die moderne Zwiespältigkeit, der Zug zum lebendig Leiblichen fern alles Erhabenen, die Sehnsucht nach etwas sinnerschließend Geistigem, Heiligem, dem **uralten Turm**: beide Seiten sehe ich in Rilke verkörpert.

---

[67] Das hatten die Romantiker auch nicht so gemeint, sie sind aber, weil die massive Feuerbachsche und Marxsche Religionskritik hinzukam und man die historisch-kritische Bibelexegese noch nicht recht zu verarbeiten wusste, etwa ab 1840 so verstanden und popularisiert worden, obwohl die Bilder von Caspar David Friedrich etwas anderes zur Anschauung bringen.

[68] Siehe besonders zum Buddhismus bei Kuschel, S. 96-101.

[69] Sehr überzeugend näher ausgeführt von Manfred Koch in RHB, S. 484ff.

Diese unabschließbaren Erkundungsgänge in bewusst intendierten, vielleicht auch inszenierten, gleichwohl unverfügbaren Prozessen der Selbstbildung, deren Grundgedanke sich schon bei dem großen Pädagogen, Philosophen, protestantischen Theologen und Bischof der Unität der Böhmischen Brüder Amos Comenius (1592-1670) andeutet, sind ein Akt der Selbsttranszendierung, wie Paul Tillich ihn umfassender analysiert hat: ein Übersichhinausgehen durch Insichhineingehen und wieder Aussichherausgehen. Darum ist alles Dichten, alle Kunst vom Grunde her und aufs Ende hin, obschon es bei Rilke im Selbst enthalten ist, ein Ausgespanntsein auf ein vom Selbst unterschiedenes Anderes: nämlich **Gebet**. Allerdings ein Gebet ohne Gegenüber, jedenfalls ohne Gegenüber im Sinne eines metaphysischen „da draußen“ und „da drüben“. Ein Gebet, das auf das äußere Schweigen hört, um im Selberschweigen das eigene Herz schlagen zu hören. Ein Gebet, das seinen vorzüglichen Ort in der Nacht hat. Hier zitiere ich nur dieses eine von mehreren Nachtgedichten (S. 347).

> **NACHT, stille Nacht, in die verwoben sind**
> **Ganz weiße Dinge, rote, bunte Dinge,**
> **verstreute Farben, die erhoben sind**
> **zu Einem Dunkel Einer Stille, - bringe**
> **doch mich auch in Beziehung zu dem Vielen,**
> **das du erwirbst und überredest. Spielen...**

Jetzt kann ich nur kurz darauf hinweisen: Die **Nacht** ist - Rilke spricht auch von Gott als **dunkel** - gerade in ihrer Lichtlosigkeit die Zeit der Verschmelzung, der Einheit, der Tiefe, weil das Licht nicht mehr stören und dadurch Grundvertrauen ins Leben neu aufkeimen kann. Insofern es dabei um die innere Tiefe, die innere Transzendenz geht, wäre jedes Gegenüber hinderlich und sinnlos. Doch darin, das merke ich kritisch an, kann Rilke den realen Bezug zu sich und seiner Umwelt auch verlieren, wie ich es mit anderer Betonung am EMMAUS-Gedicht verdeutlicht habe. Die Mystiker waren noch Dialektiker, die in Aufnahme der »Negativen Theologie« die Ja-Nein-Differenz klar aussprachen und in der Meister-Eckhartschen Rede vom »Ein-Bilden« ein Außen voraussetzten. Bei Rilke scheinen mir solche Unterscheidungen in den Chiffren innerer Transzendenz zu verschwimmen; ich höre am kräftigsten sein eigenes Herz schlagen. Das ist die eine Seite. Die andere Seite will ebenso bedacht sein: Wenn, wer Gott liebt, nicht danach streben kann, dass Gott ihn wi(e)derliebt, wird auch die der bloßen äußeren Reziprozität verdächtige Vorstellung von einem Gegenüber tunlichst außen vor lassen. Zumal diejenigen, die ihre Ordnung von Gott bestimmt wissen wollten, erlagen der Versuchung, den Verborgenen ihren Ordnungen dienstbar zu machen. Davon handelt das folgende kritische Gedicht GOTT IM MITTELALTER (S. 448, mit Auslassung am Beginn der 4. Strophe), zu dem ich allerdings anmerke, dass gerade das Mittelalter nicht finster war, sondern die ›Neuzeit‹ statt eines bemitleidenden Rückblicks ihm unendlich viel zu verdanken hat, da die Menschen beinahe mehr noch als zu anderen Zeiten sich sowohl um das Licht der Vernunft als auch um das Licht des Glaubens mühten:[70]

Und sie hatten Ihn in sich erspart
und sie wollten, dass er sei und richte,
und sie hängten schließlich wie Gewichte
(zu verhindern seine Himmelfahrt)

an ihn ihrer großen Kathedralen
Last und Masse. Und er sollte nur
über seine grenzenlosen Zahlen
zeigend kreisen und wie eine Uhr

Zeichen geben ihrem Tun und Tagwerk.
Aber plötzlich kam er ganz in Gang,
und die Leute der entsetzten Stadt

ließen ihn, vor seiner Stimme bang,
weitergehn mit ausgehängtem Schlagwerk
und entflohn vor seinem Zifferblatt.

Folgen wir Rilke, spricht das wieder für eine objektlose Gottesliebe, weil unter so schweren Gewichten wie denen der großen Kathedralen die Personwerdung des Einzelnen unendlich erschwert wird. Auf der noch einmal anderen Seite, in einer weiteren Wendung der Spirale zeigen Rilkes Gedichte über den Tod, der für ihn unbedingt zum Leben gehört, dass die Annahme des allen Lebewesen Gemeinsamen und doch jedem Lebewesen in einer extremen Grenz-

[70] Ich zitiere dieses Gedicht lediglich, um Rilkes Anschauung zu verdeutlichen. In der Sache teile ich weder seine Kritik am Mittelalter noch seine Kulturkritik am z. B. urbanen Leben und an der Technik, wie mir auch die diesbezüglichen Auffassungen von z. B. Oswald Spengler, Martin Heidegger und Arnold Gehlen verschlossen geblieben sind, so wenig ich die Ambivalenzen und Antinomien in der ›Moderne‹ leugne. Mir scheint, Helmuth Plessner beschreibe in seiner Anthropologie und Kulturtheorie die »conditio humana« angemessener.

erfahrung, einer beispiellosen existentiellen Tiefenschicht ganz und gar Ureigenen zum Personwerden und Personsein dazugehört, angefangen beim Tod anderer Menschen. Rilke will also gerade nicht entpersonalisieren, und wo er von Gott schweigt, schweigt er aus Respekt vor dem Geheimnis des Seins und Werdens.

Darum dürfte hier der Hinweis auf Volker Gerhardt angebracht sein, der in seinem neuen Buch „Vom Sinn des Sinns“ ausführt:[71] Zum Wissen von Welt und Leben gehört der Gottesglaube als das Einende im Vielen, bis hin zum Bild eines personalen Gottes, von dem aus das Personale überhaupt sich in uns einbilden und festigen kann, sodass wir selbstständige Personen werden. In diesem Sinn heißt zu beten immer auch, sich an einen ganz Anderen zu wenden, ein mir äußeres Gegenüber, Vorausgesetztes und Vorgestelltes. Dann kann alles Reden von Gott nur aus dem Beten zu Gott und aus dem Angeredetsein von Gott kommen, so sehr dieser Gottesglaube eine innere Bewegung ist, die wiederum eben deshalb im Ritus nach außen und ins Gemeinschaftliche tritt.

Anders Rilkes Spätwerk! Im Blick auf die SONETTE AN ORPHEUS, deren nähere Betrachtung viele weitere Seiten benötigte, beschränke ich mich auf die nochmalige Bemerkung, dass Rilke hier seinen gleichsam sphärisch gewordenen Christus ganz und gar zum Sänger Orpheus werden lässt. Es ist also das Lied, die Kunst, durch das Rettung (im griechischen Mythos: der Eurydike), auch wenn sie am Ende ausbleibt, kommen kann, weil der Gesang in die wahre Welt geleitet.[72] In den DUINESER ELEGIEN gibt es wieder ein Gegenüber: der (oder sind es viele?) **Engel** hört des Dichters Klage (Elegie). Zweifellos sind die Engel dieser Elegien Chiffren der personalen Selbstdeutung. Doch hören sie denn? Die erste Elegie beginnt mit dem Aufschrei (S. 629): **WER, wenn ich schriee, hörte mich denn aus der Engel / Ordnungen?** Der nicht-geschrieene Schrei, der nicht-gehörte Anruf, die verschluckte Klage, die Entfremdung des Menschen in sich selbst.

---

[71] Siehe Volker Gerhardt: Der Sinn des Sinns. Versuch über das Göttliche, München 2014. Obwohl - oder weil - Volker Gerhardt die Grundannahmen der bisher religionsabstinenten Philosophie geradezu auf den Kopf stellt, erschien sein im Oktober 2014 im renommierten C. H. Beck-Verlag veröffentlichtes Buch Anfang März 2015 bereits in der 3. Auflage.

[72] Mir ist bewusst, das ist eine sehr vorläufige, möglicherweise vorschnelle und ungenaue, auf jeden Fall unzulässig verkürzte Interpretation.

Es mag eine recht eigenwillige Interpretation sein, aber ich habe den Eindruck, durch sein inständiges Klagen erweckt der Dichter **der Engel Ordnungen** neu. Denn sein Schreien, auch wenn es im Halse stecken bleibt, ruft sie gleichsam wieder heran, es bekundet, hören zu wollen - und so erheischt es Antwort, in der ein Gegenstrom zu fließen beginnt: der der Versöhntheit mit dem Dasein. Und da wir von dem her leben, wonach wir verlangen, beginnt der Dichter das Hiersein und Heutigsein zu **rühmen**. Die Elegien oszillieren zwischen

▷ **Bleiben ist nirgends, // ...denn jeder Engel ist schrecklich...**

▷ **Hiersein ist herrlich..., // Denn mein / Anruf ist immer voll Hinweg; wider so starke / Strömung kannst du nicht schreiten...**[73]

Es ist der Dichter, der durch seine Klage von dem Rettenden nicht ablässt und bewirkt, dass der Engel seine ausgestreckte Hand einmal ergreifen muss, auch wenn er damit jetzt noch zögert. Aber durch die Fähigkeit des Dichters, das Leben zu rühmen und damit die Dinge zu verwandeln und so zu verewigen, reicht der Mensch näher an das **stärkere Dasein** der Engel heran. Diese starken inneren Kräfte dürfen weder den Dichter noch sonst jemanden zur Selbstüberschätzung und Selbstbespiegelung führen. Im Rühmen des Lebens indes, wird das, was uns vorausgesetzt ist und dessen Teil wir sind, das deshalb auch in weit geringerem, doch keineswegs geringzuschätzendem Maß Teil von uns ist, als ein lebendiges Sein erkannt und sinnlich gelebt. In einem sehr viel früheren Gedicht hat Rilke ja selbst dem entpersönlichenden großen Tod dieses sehr Persönliche zugesprochen (S. 423; siehe oben): **Wenn wir uns mitten im Leben meinen, / wagt er zu weinen / mitten in uns.**

In seinem letzten Gedicht hat Rilke es vermocht, im Blick auf seinen eigenen Tod diesem die Dimension des leiblichen Lebens abzuringen und bewusste Anerkennung zu zollen (S. 1075):

Komm du, du letzter, den ich anerkenne,
heilloser Schmerz im leiblichen Geweb:
wie ich im Geiste brannte, sieh, ich brenne
in dir; das Holz hat lange widerstrebt,
der Flamme, die du loderst, zuzustimmen,
nun aber nähr' ich doch und brenn' in dir.

---

[73] Siehe 1. Elegie, S. 631+629 und 7. Elegie, S. 654+657. Hier ist mit **du der Engel** gemeint.

Mein hiesig Mildsein wird in deinem Grimmen
ein Grimm der Hölle nicht von hier.
Ganz rein, ganz planlos frei von Zukunft stieg
ich auf des Leidens wirren Scheiterhaufen,
so sicher nirgend Künftiges zu kaufen
um dieses Herz, darin der Vorrat schwieg.
Bin ich es noch, der da unkenntlich brennt?
Erinnerungen reiß ich nicht herein.
O Leben, Leben: Draußensein.
Und ich in Lohe. Niemand der mich kennt.

Dieses Gedicht hat Rilke um Weihnachten 1926 herum auf dem Sterbebett geschrieben. Es ist frei von falschem Pathos, Enthusiasmus und Abstraktion. Bis hinein ins Sprachliche genau, setzt Rilke sich mit dem furchtbaren Schmerz in seinem Körper auseinander. Das Draußensein des Lebens erlebt er drinnen in sich: als Leben **im leiblichen Geweb**, also als wirkliches Leben, das zu **rühmen** ihm jetzt abgeht – indes, er kann es **anerkenne(n)**: es wird für ihn wieder qualifiziertes Leben.[74] Somit auch hier, an der äußersten Grenze: Das Dichten als Verdichten der tiefsten Lebenserfahrungen und Lebenswünsche ist ein Verwandeln, darin Leben in klarerer, bewussterer Form. Ein Vergegenwärtigen dessen, was verborgen ist. Wie die Doxologie des Namens Gott, die den Verborgenen keineswegs einfach sichtbar werden, aber doch gegenwärtig sein lässt.

Und sei es im Sinne eines Zeitgenossen Rilkes, des jüdischen Historikers und Religionsphilosophen Franz Rosenzweig (1886 bis 1929), der das „Erste Buch: Gott und sein Sein - oder: Metaphysik“ seines 1921 veröffentlichten Werks „Stern der Erlösung“ mit den Worten beginnt: „Von Gott wissen wir nichts. Aber dieses Nichtwissen ist Nichtwissen von Gott. Als solches ist es der Anfang unseres Wissens von ihm. Der Anfang, nicht das Ende. ... Wir suchen Gott ... nicht als einen Begriff unter andern, sondern für sich, auf sich allein gestellt...“.[75]

[74] Meines Wissens hat noch niemand Rilkes Gedicht auf dem Sterbebett verglichen mit Heinrich Heines Gedichten in seinen acht langen, schmerzensreichen Jahren vom Mai 1848 bis Februar 1856 in seiner „Matratzengruft“, eine Wunde im Hals ständig geöffnet zum Hineinträufeln von Morphium gegen die Schmerzen, in Paris: Nr. 3, Avenue Matignon, nahe den Champs Elysées.

[75] Siehe Franz Rosenzweig: Der Stern der Erlösung, Frankfurt 1996[5], S. 16. Franz Rosenzweig war 11 Jahre jünger als Rilke, wurde bei dem Berliner Historiker Friedrich Meinecke (1862 bis 1954) promoviert und starb nur drei Jahre nach Rilke, im Alter von 43 Jahren. Als an Amyotropher Lateralsklerose (ALS) erkrankter, zum Schluss nur noch durch seine Augenlider sich mitteilen könnender

Einen solchen Gott hat auch Rilke gesucht. Am Rande des Christentums. Das lebt von den Namen im Gedenken Gottes (Psalm 8). Dieser Sterbende, Rainer Maria Rilke, will oder kann sich auf keines Namen berufen: **Niemand der mich kennt.** Indes, so kann ein Mensch wohl nur sprechen, wenn er weiß, zumindest erahnt, was es heißt, von jemandem gekannt worden zu sein und wiedererkannt zu werden.

Am Rande des Christentums. In den DUINESER ELEGIEN und den SONETTEN AN ORPHEUS bewegt Rilke sich immer mehr auf den alleräußersten Rand zu, doch niemals ganz über ihn hinweg. Somit ist er doch nahe dran, auch am äußersten Rand. Und in der Mitte des Glaubens - wem ginge es dort denn anders? In 2. Korinther 6,9f spricht Paulus davon, Christen lebten „als die Unbekannten und doch bekannt; als die Sterbenden, und siehe, wir leben; als die Gezüchtigten und doch nicht getötet; als die Traurigen, aber allezeit fröhlich; als die Armen, aber die doch viele reich machen; als die nichts haben und doch alles haben."

...und dann und wann ein weißer Elefant...

[8] Am Rande des Christentums

Die bisherige Darstellung dürfte unzweifelbar belegt haben, wie sehr Rainer Maria Rilkes Werk durchweg durchzogen ist von religiösen Motiven, Symbolen, Reflexionen, Assoziationen und Konnotationen. Dabei hat er eine ganz eigene Mythopoesie ausgebildet. In der gilt Religion, ich zitiere aus einem Brief vom 28.12.1921 an Ilse Blumenthal-Weiß, als etwas ganz **Einfaches, Einfältiges, keine Kenntnis** von etwas, **kein Inhalt des Gefühls, keine Pflicht und kein Verzicht, keine Einschränkung, sondern in der vollkommenen Weite des Weltalls eine Richtung des Herzens, eine natürliche Bewegtheit des Daseins.**

Rilkes Bejahung des Daseins aus der liebenden und verwandelnden Kraft des menschlichen Herzens bzw. Gefühls führt ihn hinein in eine Selbstreflexivität, in der sich das Bewusstsein gleichsam selbst zur transzendenten Instanz wird,

Mann brachte er zusammen mit Martin Buber im Jahr 1926, Rilkes Todesjahr, die ›Verdeutschung der Heiligen Schrift‹ (Hebräische Bibel) auf den Weg.

eben dazu herausgefordert durch Gott nicht als äußerem, sondern als innerem Gegenüber. Darin scheint mir Rilkes Kunst unnachahmbar. Und wo er - wie in den DUINESER ELEGIEN - nur dem Schrei, nicht dem Wort noch etwas zutraut an Verwandlung und Wiederaufrichtung, kommt er nahe heran an den Protest gegen einen Gott, der den Menschen zum Feind geworden ist - an den Protest, der in der klagenden Anklage zugleich ein Gebet ist, aber mit vertauschten Rollen in dem Gedicht TENEBRAE von Paul Celan: »Bete, Herr, / bete zu uns, wir sind nah.«[76]

Gerade heute scheint mir Rilkes religiöse Poesie, seine mythopoietische Kunstreligion den Nerv der Zeit zu treffen, auch wenn niemand mehr so dichten könnte und wollte wie der Prager Poet in den etwa 20 Jahren vor und den knapp 10 Jahren nach dem 1. Weltkrieg. Schon damals hat er sich dem Expressionismus entzogen und einen unverwechselbaren eigenen Weg beschritten. Durchaus zu Recht ist Rilkes Dichtung als moderne Modernitätskritik bezeichnet worden: modern in ihrer Ablehnung jeder Metaphysik und Ontologie als übergeordneten und überzeitlichen Erkenntniswegen und Wahrheitsgarantien und des Versuchs einer Rückkehr zu festen sozialen Ordnungssystemen, modernitätskritisch in ihrem entschlossenen Eintreten für eine mystisch grundierte Existentialität, die im inneren Raum der Person an einer Tiefe Anteil hat, die jeder Veräußerlichung und Verdinglichung, bloßer Benutzung und pausenloser Beschleunigung vehement widerstreitet.[77]

Was anderes ist denn, recht verstanden, Kern und Stern der reformatorischen Konzentration auf die »Rechtfertigung allein aus Gnaden«, als dass der Mensch im Glauben an Jesus Christus von Gott angenommen und ihm eine Würde beigelegt wird, die ihn befreit aus den Zwängen bloßen Leistenmüssens? Im Glauben ist jene wahre Würde unverlierbar, die der Wert ist, der keinen Preis kennt (nach Kant). Denn wir sind „erworben, gewonnen … nicht mit Gold oder Silber“ (Kl. Katechismus), sondern kraft Jesu Lebenshingabe am Kreuz auf Golgatha, in dem die Liebe, die ihr Bestes und Letztes gibt, gegenwärtig ist. Nicht Gott will eine Satisfaktion, sondern nimmt in Jesu Passion unsere Passion auf sich!

---

[76] Siehe Paul Celan: Niemandsrose - Sprachgitter. Gedichte, Frankfurt 1991, S. 101.

[77] Zu diesem Thema, zu dem auch Rilkes BRIEF DES JUNGEN ARBEITERS (1926, posthum veröffentlicht) gehört, verweise ich auf die subtile Darstellung von Manfred Engel in RHB, S. 507-528.

Zudem scheint Rilke auch insofern den Nerv unserer Zeit zu treffen, als sich die Schwierigkeiten mit der Tradition in (mindestens) zwei Richtungen verbreitet und vervielfältigt haben: Sowohl in einem rasanten Verlust von Kenntnis und Verständnis der christlichen Glaubensüberlieferung und ihrer kirchlich institutionalisierten Praxis als auch in dem in einer aus gutem Grund wissenschaftlich geprägten und deshalb auf Bildung ausgerichteten Lebenswelt unhintergehbaren, geradezu selbstverständlichen Sachverhalt, dass der Glaube reflexiv geworden ist. Unsere Informationsgesellschaft ist eine Erlebnis- und eine Optionsgesellschaft,[78] in der es dauernd zu wählen und damit sich selbst zu prüfen sowie zu entscheiden gilt. Die Frage, wofür ich mich entscheide, enthält ja zwei andere Fragen: Was will ich tatsächlich? Wer bin ich wirklich?

Dieses ohnehin schon hohe Maß an Reflexivität steigert sich durch die Begegnung mit anderen Religionen, sei es auf den Reisen, sei es durch die Migrationsbewegung nach Mittel- und Westeuropa, in einer Weise, dass gleichsam im innersten Bezirk, in dem, was einem Menschen unveräußerbar, von unbedingtem Wert, ja »heilig« aus sich und für ihn selbst ist, die Selbstreflexion zur Personbildung und zum Personsein unverzichtbar geworden ist. Außerdem haben Menschen in einer ›Gesellschaft des längeren Lebens‹ mehr Zeit dazu, über ihren eigenen Lebensweg nachzudenken, und sie haben es auch nötig nach den hektischen Jahren des Wiederaufbaus aus den Ruinen, die der 2. Weltkrieg hinterlassen hat, verbunden mit den Schuttbergen von Schuld und der Frage nach zukunftsorientierter Verantwortung, zumal der Mensch z. B. in der Biomedizin unmittelbar an der Evolution des Lebens mitwirkt.

Wenngleich der Glaube nach biblischem Zeugnis und seinem Selbstverständnis gerade keine eigene Wahl, sondern das uns un-bedingt Angehende, Ergreifende, Ansprechende und Beanspruchende, in die Verantwortung Rufende ist, ist er unumkehrbar zu einer Wahl geworden, die wohl bedacht sein will, zumal sie auch bewussten Verzicht, auf jeden Fall eine bewusste Lebensgestaltung bedeutet, dazu ethische Entscheidungen von einer mehrtausend-

[78] Dazu Näheres bei Hans Joachim Schliep: Kirche in der Erlebnisgesellschaft. Soziologische Beobachtungen und theologische Bemerkungen, in: Pastoraltheologie. Monatsschrift für Wissenschaft und Praxis in Kirche und Gesellschaft, 85. Jg., Heft 6 / Juni 1996, S. 211-224. Vgl. Wolfgang Huber: Kirche in der Zeitenwende. Gesellschaftlicher Wandel und Erneuerung der Kirche, Gütersloh 1998; Hans Werner Dannowski u. a. (Hg.): Gott in der Stadt, Hamburg 1998.

jährigen Langzeitwirkung, die so keine Generation vor uns zu treffen brauchte. Im Zuge dieses Zwangs zur Selbstreflexion hat sich längst eine Wendung zu sich selbst, ins eigene Selbst hinein ergeben, ob ein Mensch das will oder nicht. In diesem Individualisierungsprozess (post-)moderner Gesellschaften sind Selbstreflexion und Selbsttranszendenz unausweichlich, wie die „Selfie"-Mode zeigt.

Verbunden mit einer Pluralisierung des Angebots an Wahrheiten, Werten und Weltanschauungen und verstärkt durch die Enttraditionalisierung unserer Gesellschaft sind nahezu wir alle an den Rand des Christentums geraten. Ohnehin ist der Glaube eine äußerste Grenzerfahrung zwischen Gelingen und Misslingen, an den Bruchlinien der Erfahrung von Glück und Scheitern, zwischen Möglichkeit und Wirklichkeit, zwischen (sozialer) Erhebung und Ergebung, Visionen von Gerechtigkeit und Frieden und kluger Realpolitik, zwischen Klageruf und Danklied, mit einem Rest an untröstlich Ungetröstetem: aber es ist eine »getroste Verzweiflung« (Martin Luther).

In gewisser Weise am ›Rande des Christentums‹ sind alle, die sich Jesus Christus und seiner Kirche zugehörig wissen. Denn gerade der Glaube, die Hoffnung, die Liebe sind kein Besitz, vor dem Rilke mit Recht auf Abstand geht, sondern sie sind **Bezug**, in den wir hineingenommen sind durch das Geschenk des Lebens und des Glaubens, „aus lauter väterlicher Güte und Barmherzigkeit" (Kl. Katechismus). Das ist die wirkliche Transzendenz unseres Daseins. Sie setzt Selbstreflexivität in Gang, insofern wir uns beziehen auf ein unser Selbstsein betreffendes Geschehen »extra nos, pro nobis« ((von) außerhalb von uns für uns) und von daher unser Leben deuten und unser Selbstverständnis und Selbstbewusstsein gewinnen.

Gerade aus der im Glauben erbetenen und geschenkten Gewissheit erwächst ein reflektiertes und reflexives Selbstbewusstsein im Zusammenhang mit dem Wissen von Welt und Leben. Jedes Ich bildet sich am Du. Vom Du her baut sich unser eigenes Leben auf. Kein „Mein Vater" ohne „Vater unser". Das ist im Blick auf Rilkes Kunstreligion geltend zu machen, damit aus Mythopoesie kein Absturz in ein ursprungsmythisches Nirwana des eigenen Selbst wird.

Worum es Rilke zu Recht geht, ist im christlichen Glauben, wie ich ihn verstehe, im Grunde enthalten, mehr als reichlich. Und wie einst Rilke, der am Anfang des 20. Jahrhunderts gegen die christliche Tradition mit gelegentlich harten Bandagen und gezielten Provokationen kämpfte, ihren Modellen, Ritualen, Prämissen und - in immer engeren Grenzen - Plausibilitäten verbunden blieb, bildet sie auch für uns am Anfang des 21. Jahrhunderts einen unhintergehbaren Rahmen und Hintergrund. Rilke, der an der Vervielfältigung religiöser Semantik um 1900 teilhat wie kein anderer, hat es so ausgedrückt (S. 341, Zeilen von mir zusammengefügt): **Ich habe kein Vaterhaus, und bin doch manch eines Erbe.**

Dabei merken manche, dass sie gar nicht mehr rebellieren müssen, sondern die Religion eine inzwischen wieder mögliche Option geworden ist und andere Religionen es sind, wenngleich nach meiner Auffassung nur scheinbar. Aber in dem Komplex vernetzter Minderheiten,[79] der unsere Gesellschaft heute ist, wollen nahezu alle Beheimatung im sozialen Nahbereich, wozu auch Kirche, Synagoge, Moschee oder andere Gottesdienst- und Gebetsräume, z. B. interreligiöse in Kliniken und auf Flughäfen, gehören können. Sie sehen die Asche der Tradition, doch unter der Asche die Glut! Einerseits. Andererseits lehnen die Allermeisten, wenn sie nicht zu den Fundamentalisten und Extremen gehören, Enge, Druck, Herrschafts- und Letztgeltungsansprüche sowie Sinndeutungsmonopole ab.

Es war (nicht nur) im Protestantismus übrigens von Anfang an so, dass die reformatorische Lehre trotz des »Augsburger Bekenntnisses« (1530) und der »Konkordienformel« mit ihrer »Solida declaratio« (1536, 1577, Konkordienbuch 1580)[80] keine geschlossene und von allen Protestantinnen und Protestanten für verbindlich gehaltene ewig gültige Gesamtauffassung abbildete. Die evangelische ›Glaubenslehre‹ zielte - von der Intuition her selbst in den begrifflich ausdifferenzierten Dogmatiken der lutherischen und reformierten Orthodoxie im 17. Jahrhundert - immer auf innere Glaubengewissheit.

---

[79] Nur zwei von unzähligen Beispielen: 1) Bei Wahlen schafft keine der sog. Volksparteien den Sprung über die 40-Prozent-Hürde, eine so verdienstvolle Partei wie die SPD, die seit 1875 (Gothaer Parteitag im Geburtsjahr Rilkes) besteht, bleibt konstant unter 30 %. 2) Es gibt eine Vielzahl von Netzanbietern, Radio- und TV-Programmen, die zielgruppenorientiert für das sorgen, was heute „Kommunikation" genannt wird.

[80] Vgl. die gründliche und eindringliche „moderne" Interpretation von Gunther Wenz: Theologie der Bekenntnisschriften der evangelisch-lutherischen Kirche, Band I und II, Berlin/New York 1996/1998. - Dazu neuerdings der Versuch einer die anderen Religionen mitbedenkenden Glaubenslehre (Dogmatik) von Hans-Martin Barth: Dogmatik. Evangelischer Glaube im Kontext der Weltreligionen, Gütersloh 2008[3].

Außerdem wurde die reformatorische Lehre schnell vom reformatorischen Leben überholt. Verbreiteter und häufiger gelesen als Luthers oder Melanchthons Schriften wurden im 17. Jh. Johann Arndts (1555 bis 1621) die Mystik Taulers und Meister Eckharts aufnehmenden »Vier Bücher vom wahren Christentum«, die zusammen mit seinem »Paradies-Gärtlein« zu den bis heute erfolgreichsten christlichen Erbauungsbüchern gezählt werden müssen. Allein die »Vier Bücher vom wahren Christentum« erschienen bis 1740 in 123 Auflagen in Mittel- und Osteuropa. Aus ihnen schöpfte sowohl der bis zur Starrköpfigkeit lutherisch-orthodoxe Paul Gerhardt als auch der spätere Pietismus, der ganz der frommen Lebenspraxis zugewandt war, dabei aber die modernsten technischen Entwicklungen aufgenommen und weitergeführt hat. Als (Herrnhuter) Pietist „höherer Ordnung“ verstand sich Schleiermacher (1768 bis 1834), der in seinem religions-theoretischen und theologischen Denken ganz beim „frommen Selbstbewusstsein“ in einer zutiefst aufgeklärten Weise ansetzte.

Weil es in unbestimmter Weise modern und in wiederum unbestimmter Weise traditionell ist, ist, so vermute ich stark, Rilkes Gedicht **Ich lebe mein Leben in wachsenden Ringen… // Ich kreise um Gott, um den uralten Turm…** so beliebt: Es bietet einen festen Anhaltspunkt und einen weiten Spielraum, es zeugt vom Ausgespanntsein des Menschen zum Unendlichen hin und achtet doch dessen Begrenzung, gemäß der Urbedeutung von »re-ligio« als Rückbindung verbindet es **Ich** mit **Gott**, ohne sich auf eine Form der Verbindung festzulegen. Ich könnte ihm Unverbindlichkeit attestieren, das aber wäre nur ein vorläufiges Urteil, das dem inneren Anliegen dieses Gedichtes kaum entspräche. Wie auch immer, unter den heute obwaltenden Bedingungen werden wir bis zum letzten Atemzug nicht wissen, ob wir **Falke, Sturm oder ein großer Gesang** sein sollen oder wollen, wahrscheinlicher ist mir noch, dass wir bis zum letzten Herzschlag in dieser Welt sowohl freischwebender und scharfäugiger **Falke**, der im rechten Moment sich sein Futter sichert, als auch tosender, ungebärdiger und nicht zu bändigender, alles niederreißender **Sturm** als auch aus reinstem Gefühl und Gemüt aufbrechender **großer Gesang** sein müssen und wollen. Wir leben jenseits alter Raster und Rollen. Dazu gehört die Vervielfältigung religiöser Sprachformen und ihre Neuverknüpfung in immer variantenreicheren Bedeutungen. So gibt es viele Menschen, die sich als „fromme Atheisten" bezeichnen. Dazu gehört ebenfalls die global-politische Multipluralität und -polarität.

Dieses Verhältnis im Horizont des Gottesglaubens zu bedenken und im Dialog und Diskurs immer wieder neu zu bestimmen, dazu kann uns Rilkes religiöse Poesie eine (kritische) Anregung sein. Mit Rilke können wir erkunden, wie die Rekonfiguration religiöser Sinngehalte im Medium der Kunst möglich sein könnte, selbst wenn ihm die so wichtige messianische und utopische Dimension des Christlichen fremd geblieben ist.

Allerdings wird sich dabei stets neu die Frage stellen, ob es einen Glauben ohne Gott geben kann. Wie Genesis 22 (Abraham und Isaak), Jeremia und Hiob sowie die entsprechende Auslegungsgeschichte zeigen: Es gibt einen Glauben gegen Gott, aber ist einer ohne Gott möglich? Ebenso bleibt offen, ob es einen Glauben ohne Festlegungen, d. h. auch ohne verbindliche Gemeinschaft und ohne deren institutionalisierte Form geben kann. So sehr ich Individualität und Pluralität schätze, die für mich zum christlichen Glauben protestantischer Prägung von seinem Wesenskern her dazugehören, ist doch die Frage, wie standfest und, wenn die gesellschaftlichen Verhältnisse wieder einmal dazu nötigen sollten, wie widerstandsfähig der Glaube, genauer: die Religiosität der vielen Einzelnen, die alle für sich den **uralten Turm** umkreisen, überhaupt sein kann.

Zurück zur Rekonfiguration religiöser Sinngehalte im Medium der Kunst: Sie hat darin ihr Recht, denn Gott ist, wenn ich Welt und Leben von ihrem Gegebensein und im Licht der Lebensfreude und Gottesgnade bedenke, zuerst einmal schön und Glaube gut verstanden als Ästhetik des Umgangs mit dem Unverfügbaren - und das hat seine eigene unverlierbare Würde, einen unveräußerbaren Wert! Dem unverfügbaren, doch wahrnehmbaren, richtenden und aufrichtenden Wort Gottes verbunden und verpflichtet, ist es ein gutes Zeichen für einen lebendigen Protestantismus, das Rilkesche **Herzwerk der Sprache**, dem der Prager Poet Worte und Bilder wie Musik verlieh, zu schätzen, zu pflegen und weiterzugeben. Zumal wir aus vielen biblischen Erzählungen, z. B. Jakobs Traum (Genesis 28) oder Elias Aufenthalt am Berg Horeb (1. Könige 19) oder Magdalena am (leeren) Grab Jesu (Johannes 20), wissen:

Gott, die „unerforschliche Weisheit, durch die wir existieren" (Immanuel Kant), ist nicht einfach ein Liebesgegenstand, sondern der Grund und die Richtung der Liebe.[81] Und deshalb oft an einem ganz anderen Ort als dort, wo wir sie erwarten! Sie geht immer wieder an den Rand, wo der Glaube kritisch in Frage gestellt und herausgefordert wird, sich stets neu inspirieren lässt und sich neu zu artikulieren versucht. Mir schwebt immer noch eine „nicht-religiöse Interpretation" vor, die in einer „mündig gewordenen, gottloseren und darum vielleicht gottnäheren als eine unmündig gebliebene religiöse Welt" die Einsicht wachhält, dass „Gott selbst schwach ist in dieser Welt und Jesus nicht zu einer neuen Religion aufruft, sondern zum Leben".[82]

In diesem Bonhoefferschen Sinn benötigen wir eine mehrperspektivische Hermeneutik: des schon gegebenen Einverständnisses mit dem Glauben und des noch bzw. wieder zu suchenden Einverständnisses mit dem Glauben, weil der Glaube abhanden gekommen oder strittig geworden ist oder nie bekannt war. Das ist schwierig und wird schwieriger. Doch wie Dietrich Bonhoeffer, eingesperrt in kahle Kerkerwände, niedergeworfen auf eine kalte Gefängnispritsche, eine neue, vollmächtige Sprache des Glaubens erwartet hat, so erwarte auch ich sie.

Freilich wird hinzukommen, was bei Rilke, obwohl ihm zu Unrecht Desinteresse am Politischen unterstellt wird,[83] mit seiner so überaus starken Betonung der inneren Transzendenz im Entdecken und Wahrnehmen der Innenwelt der Außenwelt oft zu kurz kam: der Schritt von der Ästhetik zur Ethik, von der Freiheit zur Verantwortung, zu der Verantwortung, die die Freiheit um ihrer selbst willen ausbilden muss. Schließlich lebt der Mensch in beide Richtungen: von „außen" nach „innen" und von „innen" nach „außen".

Aus philosophischer Sicht hat der Berliner Philosoph Volker Gerhardt eine religiöse Perspektive neu eröffnet, die Ansatz und Absicht Rainer Maria Rilkes, der bei allem, was zustimmend wie zurückweisend von ihm gesagt werden kann, einer der bedeutendsten Dichter deutscher Sprache sein und bleiben wird, aufnehmen und mit neuer Bedeutung versehen kann:

---

[81] Vgl. Betz, S. 126, im Anschluss an eine Aussage von Rilke im MALTE LAURIDS BRIGGE.

[82] Formuliert nach Dietrich Bonhoeffer: Widerstand und Ergebung, München/Hamburg 1966, S. 180f (Brief vom 18.7.1944).

[83] Siehe Joachim W. Storck: Rainer Maria Rilke - Briefe zur Politik, Frankfurt/M. 1992.

„Wir glauben an die Welt, in der wir sind. Und sie kann von uns, wenn sie uns in einer exemplarischen Ansicht als übergroß und übermächtig, vielleicht sogar als staunenswert, schön oder erhaben gegenübertritt, als göttlich erfahren werden. Und wenn wir das Göttliche der Welt als etwas uns personal Entsprechendes annehmen, können wir es, sofern wir uns selbst als Person begreifen und in ihr ein persönliches Gegenüber suchen, als Gott ansprechen." Das, so Volker Gerhardt weiter, beinhaltet die These, „dass wir das Göttliche nur als etwas nicht Stoffliches, nicht Gegenständliches, aber gleichwohl unüberbietbar Bedeutungsvolles, nämlich als eine unser gesamtes Verstehen tragende, allgegenwärtige Größe verstehen können. Dazu ist es wichtig, das Göttliche als die alles umfassende Welt zu begreifen, zu der wir selbst gehören und die sich selber trägt - einschließlich unserer selbst. ... Gott ist der Name für das Göttliche, sofern es uns gelingt, es in Analogie zu unserer eigenen Person zu verstehen. Mit Gott wird die im Göttlichen vergegenwärtigte Welt zum bewegenden Moment, in dem wir uns selbst erkennen. Was immer wir über das Göttliche sagen können, wird im *Namen* Gottes derart konzentriert, dass wir darin die äußerste Herausforderung unserer selbst und im Fall des Scheiterns den aus nächster Nähe gespendeten Trost erfahren können."[84]

...und dann und wann ein weißer Elefant...

[84] Volker Gerhardt am Anm. 61 gen. Ort, S. 21+29+32. *...*: Wo Gerhardt „Begriff" schreibt, habe ich geändert in „Namen", was m. E. viel treffender ist, weil Gerhardt vorher von Gott als Namen gesprochen hat.

Literaturverzeichnis:

› Hans-Martin **B**arth: Dogmatik. Evangelischer Glaube im Kontext der Weltreligionen, Gütersloh 2008[3]

› Karl **B**arth: Kirchliche Dogmatik II/1, Zollikon 1946

› Karl **B**arth: Das Wort Gottes als Aufgabe der Theologie, in: Jürgen Moltmann (Hg.): Anfänge der dialektischen Theologie I, München 1962

› Otto **B**etz: Weiter als die letzte Ferne. Mit Rainer Maria Rilke die Welt meditieren, Kevelaer 2015

› Günter **B**löcker: Die neuen Wirklichkeiten - Linien und Profile der modernen Literatur, dtv 470, München 1968.

› Dietrich **B**onhoeffer: Widerstand und Ergebung, hg. v. Eberhard Bethge, München 1966

› Dietrich **B**onhoeffer / Maria von Wedemeyer: Brautbriefe Zelle 92 - 1943 bis 1945, hg. v. Ruth Alice von Bismarck, München 1999

› Paul **C**elan: Niemandsrose - Sprachgitter. Gedichte, Frankfurt 1991

› Michael T. **C**lanchy: Abaelard. Ein mittelalterliches Leben, Darmstadt 2000

› Hans Werner **D**annowski u. a. (Hg.): Gott in der Stadt, Hamburg 1998

› Georges **D**uby: Die Zeit der Kathedralen. Kunst und Gesellschaft von 980 bis 1420, Frankfurt/M. 1985[4]

› Georges **D**uby: Héloïse, Isolde und andere. Frauen im 12. Jahrhundert, Frankfurt/M. 1997

› Umberto **E**co: Der Name der Rose, Stuttgart 1982

› Ivanka von **E**ndre (Hg.): Dionysius Areopagita - Von den Namen zum Unnennbaren, Einsiedeln 2009[5]

› Manfred **E**ngel / Dorothea Lauterbach (Hg.): Rilke-Handbuch, Darmstadt 2004 (Abk.: RHB)

› Ernst Peter **F**ischer: Einstein trifft Picasso und geht mit ihm ins Kino - oder Die Erfindung der Moderne, München 2005

› Norbert **F**ischer (Hg.): »Gott« in der Dichtung Rilkes, Hamburg 2014

› Kurt **F**lasch: Das philosophische Denken im Mittelalter. Von Augustin zu Macchiavelli, Reclams Universal-Bibliothek Nr. 18103, Stuttgart 2006[2]

› Hugo **F**riedrich: Die Struktur der modernen Lyrik, rde 25/26/26a, Hamburg 1967

› Hans-Georg **G**adamer: Mythopoietische Umkehrung in Rilkes Duineser Elegien, in: ders., Gesammelte Werke IX, Tübingen 1993, S. 289-305

› Volker **G**erhardt: Vom Sinn des Sinns. Versuch über das Göttliche, München 2014

› Romano **G**uardini: Rilkes Deutung des Daseins. Eine Interpretation der Duineser Elegien (2., 4., 8. Elegie), Mainz/Paderborn 2014 (Erstauflage 1941)

› Marcel **H**énaff: Der Preis der Wahrheit. Gabe, Geld und Philosophie, Frankfurt / M. 2009

› Wolfgang **H**uber: Kirche in der Zeitenwende. Gesellschaftlicher Wandel und Erneuerung der Kirche, Gütersloh 1998

› William **J**ames: Die Vielfalt religiöser Erfahrung. Eine Studie über die menschliche Natur, übersetzt und herausgegeben von Eilert Herms und Christian Stahlhut, Frankfurt/M. 1997

› Walter **J**ens: Statt einer Literaturgeschichte, Düsseldorf/Zürich 1998

› Hans **J**oas: Die Sakralität der Person. Eine neue Genealogie der Menschenrechte, stw 2070, Berlin 2015

› Eberhard **J**üngel: Gottes Sein ist im Werden. Verantwortliche Rede vom Sein Gottes bei Karl Barth, Tübingen 1972

› Eberhard **J**üngel: Gott als Geheimnis der Welt. Zur Begründung der Theologie des Gekreuzigten im Streit zwischen Theismus und Atheismus, Tübingen 1977

› Sören **K**ierkegaard: Furcht und Zittern (1843), übersetzt von Liselotte Richter, Reinbek 1961

› Dietrich **K**orsch: Religion mit Stil. Protestantismus in der Kulturwende, Tübingen 1997

› Karl-Josef **K**uschel: »Vielleicht hält Gott sich einige Dichter« - Literarische Skizzen I, Kevelaer 2005

› Emmanuel **L**évinas: Außer sich. Meditationen über Religion und Philosophie, München/Wien 1991

› Pascal **M**ercier: Nachtzug nach Lissabon, Berlin 2006[15]

› Arnold **M**etzger: Freiheit und Tod, Tübingen 1955

› Klaus **M**odick: Konzert ohne Dichter, Köln 2015

› Andrea **P**agni: Rilke um 1900, Nürnberg 1984

› Heinrich Wigand **P**etzet: Das Bildnis des Dichters: Rainer Maria Rilke - Paula Becker-Modersohn. Eine Begegnung, Frankfurt/M. 1957 (als Insel-TB zuerst 1976 erschienen)

› Rainer Maria **R**ilke: Die Gedichte, Frankfurt/M. 1997[9]

› Rainer Maria **R**ilke: »SIEH DIR DIE LIEBENDEN AN« - Briefe an Valerie von David-Rhonfeld, hg. v. Renate Scharffenberg und August Stahl, Frankfurt/M. 2003

› Franz **R**osenzweig: Der Stern der Erlösung, Frankfurt 1996[5]

› Hartmut von **S**ass: Warum Gott nicht existiert. Eine theologische Besinnung, NZSystTh 56. Jg. (Heft 3 / 2014), S. 348-367

› Hans Joachim **S**chliep: Kirche in der Erlebnisgesellschaft. Soziologische Beobachtungen und theologische Bemerkungen, in: Pastoraltheologie. Monatsschrift für Wissenschaft und Praxis in Kirche und Gesellschaft, 85. Jg., Heft 6 / Juni 1996, S. 211-224

› Hans Joachim **S**chliep: Was uns unbedingt angeht... - Kronsberger Predigten 1, Saarbrücken 2012

› Hans Joachim **S**chliep: Mehr als meine Augen sehen - Kronsberger Predigten 2, Saarbrücken 2013

› Hans Joachim **S**chliep: Ein unglaublicher Glaube - Kronsberger Predigten 3, Saarbrücken 2014

› Wolfgang **S**chulze: Angelus Silesius und Rainer Maria Rilke, in: Evangelische Theologie, 18. Jg. (1958), S. 185-189

› Johannes **S**chwanke: »Wir steigen in die wiegenden Gerüste« - Rilkes Theologie am Rande des Christentums, NZSystTh 55. Jg. (Heft 4 / 2013), S. 511-525

› Ruth **S**ieber-Rilke / Carl Sieber: Tagebücher aus der Frühzeit (Rilkes Florenzer Tagebuch, Schmargendorfer Tagebuch, Worpsweder Tagebuch), Frankfurt/M. 1942/1973

› Wolfgang **S**tegmüller: Glauben, Wissen und Erkennen / Das Universalienproblem, Darmstadt 1965²

› Wolfgang **S**tegmüller: Rationale Rekonstruktion von Wissenschaft und ihrem Wandel, Stuttgart 1979

› Joachim W. **S**torck: Rainer Maria Rilke - Briefe zur Politik, Frankfurt/M. 1992

› Charles **T**aylor: Quellen des Selbst. Die Entstehung der neuzeitlichen Identität, stw 1233, Frankfurt/M. 1996

› Charles **T**aylor: Die Formen des Religiösen in der Gegenwart, stw 1568, Frankfurt/M. 2002

› Paul **T**illich: Über die Idee einer Theologie der Kultur (1919) / Religion und Kultur (1948), in: Tillich-Auswahl Bd. 2: Die Zweideutigkeit des Lebens, hg. v. Manfred Baumotte, Einführung von Carl Heinz Ratschow, Gütersloh 1980, S. 70-100

› Martin **W**alser: Über Rechtfertigung, eine Versuchung, Reinbek 2012

› Gerhard **W**ehr (Hg.): Der Mystiker Dionysius von Areopagita. Textauswahl, Wiesbaden 2013

› Gunther **W**enz: Theologie der Bekenntnisschriften der evangelisch-lutherischen Kirche, Band I und II, Berlin/New York 1996/1998

Printed by Books on Demand GmbH, Norderstedt / Germany